AF223525

LA SUISSE

ET LA

POLITIQUE IMPÉRIALE

PAR

MARC DEBRIT

GENÈVE

IMPRIMERIE DE JULES-G^{me} FICK

—

1860

de sang a été répandu ; et l'humanité étonnée de voir la force du glaive trancher encore les questions de haute politique, a dû reconnaître, non sans douleur, que plusieurs siècles de civilisation ne l'avaient rendue ni plus heureuse ni plus sage. Or puisque les faits se présentent toujours comme la conséquence d'un principe plus élevé, il a bien fallu remonter à la source d'un tel état de choses ; et le résultat de ce travail intellectuel a été cette conviction assez triste que l'Empire en France, ce n'était pas la paix, mais la guerre.

Je n'ai pas à m'occuper ici des motifs qui ont été allégués pour ou contre ces grandes entreprises militaires. Il en est dont l'utilité a pu paraître douteuse ; d'autres au contraire ont excité, à juste titre, la sympathie de toute l'Europe libérale. Je le répète ; je ne fais ici le procès de personne ; je n'apprécie pas, je constate. Or, à quelque parti que l'on appartienne, on ne peut nier que l'avénement en France de la monarchie absolue, n'ait marqué pour ce pays l'origine d'une politique belliqueuse. Les Français eux-mêmes le reconnaissent implicitement, puisqu'ils louent le gouvernement actuel d'avoir rendu à leur pays la prépondérance dont il jouissait en Europe avant 1815. Or il ne s'agit pas ici de prépondérance intellectuelle, car les quelques années du règne de Louis-Philippe ont été, sous ce rapport, bien autrement brillantes ; cette influence dont on se glorifie, est donc exclusivement politique et militaire. La France est redevenue la Grande nation, c'est-à-dire la nation d'Austerlitz et d'Iéna. La gloire qu'elle se réjouit d'avoir reconquise, c'est la gloire des champs de bataille.

Ce fait n'est pas seulement évident ; il est encore logique. Car l'affirmation que nous avons posée — l'Empire c'est la guerre — trouve sa preuve directe dans les événements qui s'accomplissent sous nos yeux, et son explication rationnelle dans l'essence même de la monarchie absolue : de telle sorte que, cette forme de gouvernement étant donnée, elle en découle comme une conséquence nécessaire.

Toute puissance humaine a besoin de deux choses pour se maintenir. La première est de se faire craindre, la seconde est de se faire aimer. Ces deux moyens ne peuvent être séparés, car la crainte sans l'amour produit la haine qui engendre les révolutions. L'amour, à la rigueur, pourrait suffire ; mais il faudrait supposer chez l'homme, pris en général, une solidité d'affection sur laquelle il serait téméraire de compter. Réunies, ces deux forces se complètent réciproquement. Toute l'habileté politique consiste à les mettre en jeu, ensemble ou séparément, selon les circonstances.

Le despotisme n'a pas besoin de bien grands efforts pour se faire craindre. Son existence suffit pour cela. Car la volonté, lorsqu'elle est toute-puissante, est par elle-même un objet d'effroi pour l'homme. Il sait que, derrière la volonté, il y a les passions, les caprices, l'orgueil, l'intérêt, et il redoute instinctivement les arrêts sans appel d'un tribunal ainsi composé. Dans les premiers temps de son avénement, le despotisme ne croira pas avoir besoin d'une autre garantie. En voyant tous les fronts s'incliner devant lui avec une soumission respectueuse, il ne concevra pas la possibilité d'une résistance. Mais l'habitude de la crainte finit par exciter dans l'homme une certaine indifférence pour le danger, en même temps que les instincts les plus nobles de son âme protestent contre la violence qui leur est faite. A la période de stupeur succède la période d'agitation, la haine défait l'œuvre de la crainte. Et alors, malheur au gouvernement qui n'aura pas su se créer, dans le cœur de ses sujets, un appui plus solide que celui de la terreur. L'exemple des Bourbons de Naples vient de faire toucher au doigt la valeur d'un régime exclusivement tyrannique.

Un souverain absolu n'est pas nécessairement maladroit : il s'en trouve qui unissent aux instincts du despotisme le plus net, une rare habileté politique. Ceux-là ne croiront pas avoir fait assez pour leur sûreté, lorsqu'ils auront inspiré à la nation un profond sentiment de crainte. Ils savent, en effet, que toute violence s'use d'elle-même, et finit par se briser dans la main de celui qui l'emploie. Ils chercheront donc à se faire aimer. Mais comment pourront-ils y réussir ? Sera-ce en donnant un libre essor aux aspirations élevées de la nature humaine, en favorisant le développement de l'intelligence, en satisfaisant enfin nos besoins les plus légitimes ? Tout cela ne peut s'accorder avec les intentions de la monarchie absolue. Car il est impossible de favoriser le progrès de l'esprit humain, sans éveiller en lui, avec le sentiment de sa dignité personnelle, un élan irrésistible vers la liberté.

S'il n'y avait en nous que de nobles penchants et de généreux instincts, le despotisme réussirait difficilement à se faire aimer. Heureusement pour lui, nous sommes bien loin d'une telle perfection. Des passions haineuses, violentes, dorment au fond de notre âme : il suffit d'un souffle pour tirer de cette cendre mal éteinte un brûlant incendie. L'amour-propre, l'ambition, le désir de dominer, même par des moyens injustes, se retrouvent, hélas! chez les natures les plus parfaites. Tantôt ces passions se présentent sous leur forme grossière, celle de l'intérêt personnel; tantôt elles s'élargissent et deviennent moins honteuses en apparence : elles se transforment en orgueil national, en désir de conquêtes. Peut-être sont-elles alors moins repoussantes; elles n'en sont ni moins coupables ni moins dangereuses. Toujours elles ont pour effet de corrompre le sens moral, de nuire à la rectitude de nos jugements. Avec quelle facilité on s'habitue à appeler bien ce qui est mal, pourvu qu'il en résulte quelque gloire pour notre pays! J'ai connu en France des hommes, très-honorables du reste, qui ne pouvaient pardonner au gouvernement de Louis XVIII, d'avoir rendu à l'Italie les objets d'art que la Révolution lui avait si cruellement enlevés; ils considéraient cette restitution comme un vol fait à la France; et l'acquisition, au contraire, était à leurs yeux parfaitement équitable. D'autres s'étonnent que les nations européennes n'aient pas conservé pour la mémoire de Napoléon I, un culte d'affection et de reconnaissance. D'autres enfin considèrent toute conquête comme légitime en soi, dès l'instant qu'elle se fait au profit de la France. Ce sont là quelques-unes des aberrations dans lesquelles une vanité nationale exagérée peut faire tomber des hommes de bon sens.

Les passions aiment volontiers ceux qui les flattent. Le despotisme en a largement profité. Au lieu de chercher à les calmer, il s'en est servi comme d'un instrument commode, d'un usage facile, et qui secondait à merveille sa propre ambition. Le patriotisme, dans le vrai sens de ce mot, aurait été pour lui un obstacle : il lui a opposé la vanité nationale, sentiment vulgaire qui sacrifie le dedans au dehors, et trouve dans le bruit des armes sa plus grande satisfaction. Le patriotisme ne se contente pas d'un rôle purement passif : il rêve l'action, le dévouement. La vanité nationale s'accommode, sans trop de peine, de la condition de spectatrice ; elle applaudit à des actes qu'elle n'a point conseillés, et lorsqu'ils ont réussi, elle s'écrie le plus haut qu'elle peut : C'est pourtant moi qui ai fait cela. Le patriotisme qui veut avant tout le bien de l'Etat, accepte la guerre comme une nécessité douloureuse, qu'il subit en la détestant. La vanité nationale ne soupire qu'après les combats ; plus le sang coule, plus elle se réjouit. Quelques bataillons ennemis écrasés sont à ses yeux un succès préférable à toutes les conquêtes de la civilisation. Pour l'un enfin, la nation est surtout dans les hommes qui pensent ; pour l'autre, elle est tout entière dans ceux qui se battent, et, plus ils sont ardents à la curée, plus ils méritent à ses yeux le titre de bons citoyens.

De tout cela, il résulte que si le patriotisme n'aime pas beaucoup la monarchie absolue, la vanité nationale lui offre au contraire un terrain bien préparé. Aussi travaille-t-on à surexciter les passions violentes dont elle est le résultat. Pour empêcher les peuples de soupirer après leur liberté, on les enivre de gloire ; pour leur faire oublier ce qu'ils ont perdu, on les amuse par des récits de bataille ; l'on fait enfin tout ce que l'on peut, pour leur persuader que l'éclat de ces victoires, remportées au nom de la nation, rejaillit sur chacun des individus qui la composent. Il faut que le bruit du canon et les applaudissements de la multitude, couvrent les voix assez hardies pour réclamer, au nom de la dignité humaine, une part dans la direction des affaires publiques. Un instant de silence ; et ces voix pourraient se faire entendre. Et qui peut dire si, à leur tour, elles n'entraîneraient pas la foule ? L'erreur a ses siècles et ses années, pourquoi la vérité n'aurait-elle pas son jour ? Le despotisme se défie et il fait bien : cette défiance forme toute sa sagesse.

Le résultat immédiat de la paix est d'augmenter le bien-être, la prospérité matérielle d'un peuple. De ce premier résultat, en découle un second, d'une importance égale sinon supérieure : l'élévation progressive du niveau intellectuel. Mais tout progrès de l'esprit est une nouvelle affirmation de la dignité et des droits de l'individu. Et le sentiment de la dignité personnelle est un premier pas vers le désir de la liberté. On voit par là qu'une paix quelque peu prolongée, ne saurait convenir à un gouvernement absolu ; une politique belliqueuse est pour lui plus facile à suivre et fait bien mieux son affaire.

II.

Le despotisme n'est pas seulement une chose mauvaise en soi, une honte pour l'humanité qu'il fait reculer violemment vers les siècles de la barbarie. Il est encore une menace permanente pour la tranquillité de l'Europe ; et ses promesses ne suffisent pas pour rassurer les peuples contre ses projets de conquête.

Il est de l'essence de la monarchie constitutionnelle, et généralement parlant, il est de l'essence de toute forme libérale de gouvernement, de mettre dans ses actions une certaine lenteur. Rien ne s'y fait par surprise ; car les décisions des ministres doivent être présentées aux Chambres, pour y subir l'épreuve de la libre discussion. Elles s'y trouvent en présence de l'opinion publique, et il s'établit entre elles une lutte qui se termine rarement sans quelque concession de part et d'autre. L'ambition personnelle d'un prince entreprenant, est ainsi balancée par l'intérêt du pays dont les citoyens sont, après tout, les meilleurs juges. S'il lui plaît de se lancer dans quelque entreprise plus ou moins chevaleresque, les députés pourront bien ne pas partager son enthousiasme, et lui rappeler que l'Etat a été fait avant tout pour le bien des individus qui le composent. Tout ce qui ne concourt pas à ce but essentiel ne peut être l'objet d'une entreprise nationale. Il peut, je le sais, se présenter quelque noble cause qui excite vivement la sympathie de toutes les âmes généreuses ; mais le gouvernement n'a pas le droit d'imposer cette sympathie à ceux qui ne l'éprouvent pas, et de faire en leur nom le sacrifice de leurs biens ou même de leur vie. Le dévouement, pour être moral, doit être spontané. Les particuliers peuvent se réunir pour soutenir la cause qui leur est chère, mais c'est là une initiative individuelle qui n'a rien à faire avec celle du gouvernement. Il résulte de ces considérations : d'abord que la monarchie constitutionnelle est rarement disposée à se jeter aveuglément dans les aventures ; ensuite que, dans les cas où elle se décide à l'action, elle le fait avec précaution et comme à son corps défendant. Aussi est-elle faite pour inspirer à ses voisins plus de confiance que de crainte. On ne redoute de sa part ni invasion subite ni déclaration de guerre imprévue. Sa colère n'agit pas à la manière d'un orage ; elle s'amasse lentement, et on peut la voir venir.

La vanité nationale n'aime pas la monarchie constitutionnelle ; elle lui reproche ses lenteurs, ses discussions qu'elle nomme fastidieuses, comme s'il était inutile de réfléchir deux fois avant d'engager la vie de ses semblables ; elle ne lui pardonne pas sa répugnance pour la guerre, et l'état d'abaissement (c'est ainsi qu'elle s'exprime) dans lequel elle laisse vivre la nation. En effet, il faut bien reconnaître que cette forme de gouvernement est peu favorable aux grandes entreprises militaires ; elle n'aura jamais pour elle les sympathies de l'armée, ni de tous ceux qui, de près ou de loin, se plaisent au bruit des combats. Elle a une physionomie bourgeoise qui ne plaît pas à tout le monde, et les passions violentes ne trouvent pas chez elle l'appui qui leur convient. Elle promet au pays de la liberté, du bien-être, le développement matériel et le progrès moral ; elle promet à l'individu le libre exercice de ses droits politiques et civils, une juste participation à la direction des affaires publiques, le respect de sa dignité personnelle, mais voilà tout ; la gloire, dans le sens militaire de ce mot, est la dernière chose qu'elle puisse et veuille promettre. Cela suffit pour que les âmes d'étoffe grossière se détournent d'elle avec dédain. Point de gloire, point de conquête, point de fracas au dehors, et au dedans la paix, rien que la paix : c'est bien la peine d'avoir un gouvernement pour si peu. Ainsi raisonnent les insensés, et malheureusement ils ont toujours formé la plus large part du genre humain.

Le despotisme se trouve dans des conditions plus favorables. Il agit quand bon lui semble, et lorsque l'occasion lui paraît favorable, il peut la saisir au passage, sans perdre le temps à demander des conseils. Son sénat ne l'inquiète guère; c'est un corps de parade que l'on paie fort cher pour qu'il fasse bonne figure, mais non pour qu'il s'occupe de politique. L'opinion publique ne l'inquiète pas davantage, car c'est lui qui la crée au moyen de ses journaux; grâce à cette précaution, elle n'est à chaque instant que l'écho fidèle de sa propre pensée. Il faut qu'elle approuve toujours, sous peine d'être impitoyablement écrasée. La presse tremblante devant lui, rappelle un peu ce personnage de Shakspeare qui trouvait dans un nuage toutes les formes possibles, pour se conformer aux caprices d'un prince. Elle a beau protester de son dévouement, elle ne peut parvenir à se rassurer elle-même. Toujours il lui semble que ce bras redoutable va s'appesantir sur elle; elle se fait humble et petite, et il n'est pas de poussière assez basse, pour qu'elle ne consente à s'y traîner.

Cette absence de toute discussion donne à la monarchie absolue un avantage immense sur les autres formes de gouvernement. Elle peut préparer de loin l'exécution de ses projets, sans mettre dans le secret tout le monde.

L'effort que l'on fait pour la deviner contribue au succès de ses plans; car l'imagination embrasse une foule d'idées, sans s'arrêter à aucune. Et le jour où le voile est levé, chacun reste stupéfait de l'événement. Il suffit d'un peu de discrétion pour donner à un despote la réputation d'un profond politique.

Le despotisme a pour lui l'armée qu'il élève au dessus de la nation ; les soldats aiment toujours celui qui aime la guerre. Il a pour lui la foule, très-nombreuse, des gens qui veulent qu'on les amuse, et pour qui les récits de bataille sont un agréable passe-temps. En ce sens, on peut dire qu'il est populaire, beaucoup plus que ne l'est en général la monarchie représentative. Il concentre dans sa main une puissance énorme dont il dispose à son gré. Mais cette situation très-avantageuse pour lui, est en même temps un danger ; car il est impossible de n'y pas voir une menace permanente pour les autres nations. Les promesses et les protestations ne les rassurent guère ; il est difficile que le mystère engendre la confiance, et l'homme persiste à redouter un danger, partout où ses regards ne peuvent pénétrer.

En conséquence de tout cela, l'on peut dire qu'il n'y aura jamais de tranquillité pour l'Europe, aussi long-temps qu'un Etat puissant se trouvera livré aux caprices d'un seul homme, cet homme eût-il d'ailleurs toutes les qualités qui font le génie. Il faut d'autres garanties pour rassurer la susceptibilité un peu ombrageuse des nations; et quoique les amis du despotisme rient beaucoup de cette prudence qu'ils appellent de noms un peu durs, elle n'en est pas moins parfaitement légitime.

III.

Ce qui fait la force du despotisme, au dehors comme au dedans, c'est qu'on le craint. Or la crainte est un sentiment bas en soi ; elle s'adresse à la partie la plus grossière de notre nature, elle dégrade l'homme au lieu de le relever à ses propres yeux. Un gouvernement qui trouve son appui dans la terreur qu'il inspire, ne saurait donc être louable. Il a pour effet de corrompre le sens moral de la nation. Quelques années d'un semblable régime suffisent pour bouleverser tous les principes, même les plus évidents. Le premier symptôme de cette décadence se trouve dans l'existence simultanée de deux morales, l'une pour l'Etat, l'autre pour l'individu. Ce qui est mal pour celui-ci, peut être bien pour celui-là et réciproquement. On s'habitue insensiblement à considérer la force des armes comme supérieure au droit ; on s'enorgueillit de cette puissance brutale ; l'on trouve dans le succès la justification de toutes les entreprises, même des plus illégales, même de celles dont on n'oserait pas avouer les principes. On s'attribue des priviléges étranges. Les autres peuples ne sont plus considérés comme des égaux, membres au même titre que nous de la grande famille humaine, ayant des droits que nous devons respecter, pour qu'ils aient envers nous une semblable déférence. Le sentiment de notre force l'emporte sur celui de la justice. Les nations étrangères sont des obstacles qu'il faut détruire, des rivaux qu'il faut couvrir de honte, parce qu'ils osent opposer leur volonté à la nôtre, et jeter leurs droits au travers de notre ambition. Toute mesure défensive de leur part, est considérée comme un acte d'agression qu'il est permis de punir. On ne songe plus à se les concilier par l'amour, par un échange de bons procédés ; on trouve plus avantageux de les écraser, et l'orgueil national goûte une joie immodérée dans ces sortes d'exécutions.

Mais toute mauvaise action porte en elle-même son châtiment. Une nation qui veut dominer sur les autres par la force, ne peut le faire qu'à ses propres dépens. Il faut qu'elle concentre toutes ses ressources vers ce but unique, qu'elle renonce aux arts de la paix, au développement de l'intelligence, au progrès des libertés publiques, à tout ce qui fait la grandeur de l'homme ici-bas. Il lui faut une armée puissante, nombreuse, et cette plaie suffit à elle seule pour venger les victimes de son ambition. Pense-t-on, en effet, que ce soit une chose indifférente, que de créer au milieu d'un peuple, trois ou quatre cent mille machines humaines, n'ayant d'autre mission que celle de tuer leurs semblables, d'autre morale que d'obéir aveuglément aux ordres de leurs chefs, consumant dans une oisiveté stérile les années de leur énergie, et ne sortant de ce repos que pour exercer une industrie sanguinaire. Tout ce qui n'est pas utile à l'humanité lui est nuisible. Est-ce une chose morale que d'arracher aux travaux de la paix, la partie la plus saine de la nation, pour la sacrifier à tous les caprices d'une politique ambitieuse ? La raison ne justifie la guerre que lorsqu'elle est défensive ; or une guerre purement défensive ne demande pas l'existence d'une armée permanente. Tout soldat que

l'on crée est un citoyen que l'on supprime; car la discipline militaire a pour résultat de détruire dans l'homme
l'activité intellectuelle, de réduire la volonté au rôle de
serviteur, et d'anéantir dans l'esprit de corps, la person-
nalité de l'individu. Au lieu de conserver à la nation cette
unité puissante qui résulte du libre concours de toutes les
volontés vers un but commun, on la partage violemment
en deux parties distinctes : ceux qui se battent pour le
pays, et ceux qui les regardent faire; au milieu, le pouvoir central, qui pense et qui veut pour les uns comme
pour les autres. Il en résulte entre le soldat et le citoyen
une division regrettable. Ou, pour mieux dire, il n'y a
plus de citoyen dans le sens vrai de ce mot. Car le citoyen
est à la fois celui qui travaille dans la paix à la prospérité
du pays, et celui qui le défend à l'heure du danger. Sépa-
rer ces deux devoirs, c'est évidemment les dénaturer. On
met en présence deux intérêts opposés; d'une part, le soldat qui n'aime et ne désire que la guerre, parce qu'il y
trouve une carrière ouverte à son ambition; de l'autre, le
particulier qui la repousse comme contraire à ses véritables intérêts. Entre ces deux tendances également égoïs-
tes, je cherche vainement la place du patriotisme. Faut-il
en conclure qu'une nation soumise au despotisme, ne
compte que des individus et point de citoyens? Pour quel-
qu'un qui entend bien la valeur des termes, il me semble
que cette conséquence ne saurait être douteuse.

IV.

Au surplus, mon intention n'est point d'instruire ici le procès du despotisme. Que les nations qui en jouissent s'en glorifient, si bon leur semble, je ne m'y oppose pas ; quoique leur satisfaction ne soit guère honorable pour l'humanité. Pourvu qu'elles ne cherchent pas à nous procurer malgré nous de semblables jouissances, nous ne les contrarierons pas sur ce point. Chacun prend son plaisir où il le trouve, dit un proverbe inventé par une tolérance un peu railleuse. Tel préfère la liberté aux fracas de la renommée militaire : c'est un goût que je partage entièrement. D'autres se considèrent comme satisfaits, lorsque des exploits, auxquels ils n'ont pas contribué, envoient jusqu'à leur obscurité de petites éclaboussures de gloire : qu'ils savourent à leur gré un bonheur qui leur coûte assez cher. Nous ne serions pas assez cruels pour vouloir les en priver.

Par malheur le despotisme a de vieilles rancunes contre la liberté. Elle lui semble une protestation continuelle contre ses abus de pouvoir ; et chaque fois que ce nom détesté vient frapper ses oreilles, il se considère comme personnellement insulté. Aussi lui cherche-t-il volontiers querelle et ne perd-il aucune occasion de faire des prosélytes. Cette tendance est assez menaçante pour engager les nations voisines à une surveillance continuelle. Un instant d'oubli pourrait leur devenir très-funeste. En présence d'un gouvernement ainsi constitué, l'innocence et

la conscience de leur droit seraient des garanties insuffi-
santes. Le puissant n'a pas besoin de se creuser l'esprit,
pour trouver des raisons bien spécieuses ; le premier prétexte lui suffit, et il ne manque pas ensuite de logiciens
pour exalter sa justice.

Qu'on se rappelle le discours par lequel messire Loup
explique au pauvre agneau pourquoi il a raison de le
manger ! Toute l'histoire est dans cette fable : de tout
temps les loups ont dévoré les brebis, et sans y mettre
toujours des formes aussi polies. C'est pourquoi, tâchons
de ne pas nous laisser surprendre. Et puisque j'ai com-
mencé à citer des proverbes, en voici encore un qu'il n'est
pas inutile de méditer : « Qui se fait mouton, le loup le
mange ! » C'est la morale de notre fable. Triste morale en
vérité ! Mais quoi ? pouvons-nous changer à notre gré les
passions des hommes ? pouvons-nous supprimer l'ambition ? Le temps peut-être amènera dans la morale politique des changements heureux en la rapprochant de plus
en plus de la morale vulgaire. Mais nous vivons dans le
présent, et c'est au présent que nous devons songer.

Acquérir une pleine conscience du danger qui nous
menace, lors même que ce danger ne serait pas immédiat, chercher les moyens de le prévenir, sans sortir des
limites de la stricte légalité, tel est le but de ce travail. On
nous accusera peut-être de pessimisme, car il est plus
agréable à l'homme de prévoir ce qui flatte ses désirs, que
de s'assombrir dans la prévision de malheurs qui peuvent n'avoir rien de réel. Je réponds à cela que je désire
vivement me tromper, mais que la prudence ne saurait
être nuisible. Ce n'est pas trembler devant le danger que
de l'envisager de sang-froid et d'en chercher le remède.

V.

Il existe, au centre de l'Europe, un petit pays que la nature semble avoir voulu protéger d'une manière toute particulière, en l'entourant d'une haute ceinture de montagnes. Derrière ce rempart naturel, habite un peuple industrieux, paisible, vivant sans contestation depuis plusieurs siècles à l'abri de ses institutions libérales. Avant d'être ce qu'il est aujourd'hui, ce peuple a connu, lui aussi, des destinées plus brillantes. Longtemps il a préféré aux arts de la paix les agitations des camps et le prestige de la gloire militaire; et il a fallu de longues années, pour lui faire oublier ces éclatants souvenirs. L'homme naît toujours avec les mêmes passions, et il commence par s'y livrer avec toute l'ardeur de la jeunesse: puis le temps et l'expérience lui apprennent qu'il est plus glorieux de les vaincre que de s'y abandonner. Cette victoire de l'esprit sur la chair fait toute la perfection des peuples, comme celle des individus.

Il y a longtemps que la Suisse a renoncé à son rôle de puissance militaire, et l'on peut dire qu'elle y a renoncé sans regret. Ses conquêtes lui coûtaient trop cher, elles laissaient dans les rangs de ses citoyens des vides trop douloureux. D'ailleurs la liberté exerce sur ceux qui en jouissent une influence salutaire; l'humanité trouve en elle une institutrice bienfaisante, qui lui fait aimer son devoir et lui révèle son véritable intérêt. S'il en était autrement, si la liberté se bornait à satisfaire notre orgueil, elle cesserait d'être désirable. Elle ne serait plus qu'une passion particulière, sans rien de grand ni de moral. Mais l'homme libre sent d'autant plus le joug sacré de la loi, qu'il est affranchi de toute contrainte extérieure. Et la soumission à cette loi, soumission volontaire, rationnelle, constitue à ses yeux l'essence vraie de la liberté.

C'est en obéissant, presque sans s'en douter, à cette logique naturelle, que la Suisse a laissé peu à peu se rouiller sa vieille épée. Devançant la marche des idées, elle a compris que le temps consacrerait, toujours davantage, les principes de ce code universel qu'on appelle le droit des gens ; elle a eu foi dans l'avenir, et assurée que l'on ne verrait plus bientôt ni conquêtes injustes ni agressions intéressées, elle a donné l'exemple d'une entière confiance, en posant spontanément les armes. Dès ce jour, elle a concentré toute son activité sur le développement intérieur. Elle a senti de bonne heure le prix de la civilisation, et elle s'est mise avec ardeur à cultiver un sol trop longtemps stérile. Le résultat a dépassé ses espérances ; car la prospérité, le bien-être, le progrès intellectuel et moral ont été les fruits précieux de son travail. L'industrie a été créée, l'instruction répandue, la liberté appuyée sur des institutions plus parfaites. Les nations voisines ont cessé de la craindre ; mais elle a conquis leur respect et leur sympathie. Cela ne vaut-il pas un peu de bruit, un peu de gloire et la poussière sanglante des champs de bataille ?

VI.

Dans ces conditions, la Suisse a accepté sans trop de peine la position de pays neutre qui lui a été faite par le consentement unanime des nations européennes. Elle a renoncé explicitement au droit barbare de faire des conquêtes ; mais n'y avait-elle pas renoncé en fait depuis bien des années ? Elle s'est contentée d'une attitude défensive ; mais n'était-ce pas déjà sa situation naturelle ? Cette neutralité, sur laquelle on est si peu d'accord, ne me paraît pas très-difficile à expliquer. Au fond, en l'acceptant, la Suisse n'a fait que reconnaître les principes du droit des gens. Voici à peu près la traduction de ce terme diplomatique, dont la signification a le tort d'être si mal fixée :

« Je déclare, a dit la Suisse, que mon territoire m'appartient, et je sais gré à l'Europe du vœu qu'elle exprime de le voir respecté. Car ce vœu, de sa part, équivaut à une promesse formelle. De mon côté je m'engage à le défendre de tout mon pouvoir, non-seulement pour le mettre à l'abri contre une tentative de conquête, mais encore pour en interdire l'entrée à toute armée étrangère qui voudrait s'en servir, pour porter atteinte à la sécurité d'un État voisin. Je ne ferai point la guerre, pourvu que je ne sois point attaquée. Et quant aux conquêtes, comme elles sont injustes, contraires à tous les principes du droit des gens, et funestes à celui-là même qui les a recherchées, je prends volontiers l'engagement d'y renoncer. »

En faisant ces déclarations à l'Europe assemblée, la

Suisse n'aliéna point son indépendance, car elle n'avait promis que des choses justes, et la justice ne saurait être une entrave à la liberté. Elle s'est engagée à faire ce que la raison elle-même lui ordonnait. C'est donc la raison, bien plus que l'Europe, qui a reçu son serment. De son côté l'Europe, en garantissant la neutralité de la Suisse, n'a fait que reconnaître, dans un cas donné, la valeur absolue dés principes : il est seulement fâcheux que cette déclaration ait été faite sous une forme spéciale et dans un but intéressé, lorsqu'elle aurait dû l'être en dehors de toute application déterminée. Telle qu'elle est cependant, elle a encore son importance. Car un principe, lors même qu'il est posé dans un cas particulier, conserve toujours son caractère de vérité universelle. Il brise les limites dans lesquelles on prétend le restreindre. Ainsi, en exigeant de la Suisse une promesse de neutralité, l'Europe a dû se lier elle-même. Car tout ce qui est juste suppose la réciprocité, tout engagement appelle un engagement semblable. Si donc la Suisse devait être un pays neutre pour l'Europe, l'Europe à son tour devait être neutre pour la Suisse. La première, en promettant de se défendre, imposait à l'autre le devoir de ne point attaquer. Tout acte par lequel la tranquillité de la Suisse serait menacée, lui rendrait le droit de disposer d'elle-même, et l'Europe s'engagait d'avance à sanctionner toutes les mesures qu'elle pourrait prendre pour assurer le maintien de son indépendance.

Je ne sais si cette explication de la neutralité helvétique est admise par les diplomates ni si elle est strictement conforme à la lettre des protocoles. Mais je sais bien qu'elle me paraît la seule rationnelle, la seule qui puisse être reconnue par une nation jalouse de ses droits et de sa liberté.

VII.

L'engagement pris par la Suisse n'était donc et ne pouvait être qu'un engagement conditionnel. — « Je ne ferai pas la guerre, disait-elle, pourvu que mon indépendance soit respectée. Le jour où l'une des nations de l'Europe essaiera de m'imposer par la violence, des conditions qui me seraient onéreuses, ce jour-là le pacte de neutralité sera déchiré et je serai déliée de mon serment. Cette neutralité n'est pour moi un devoir qu'autant qu'elle est un droit. L'accepter comme une servitude, serait une promesse indigne de moi, et si j'étais assez lâche pour la faire, l'Europe ne serait pas assez injuste pour la recevoir. La paix du monde est un bien trop précieux pour tous, elle est trop dans mes véritables intérêts, pour qu'il puisse jamais me venir la pensée de la troubler volontairement. Ma faiblesse même m'imposerait au besoin une prudente réserve ; car il serait téméraire à moi d'engager une lutte avec des voisins beaucoup plus puissants que je ne le suis. Mais, en dehors de ces conseils de la sagesse la plus vulgaire, les principes qui sont les miens suffiraient pour me faire détester toute agression injuste. Contente des biens que je possède, je n'aspire point à élargir mes frontières ; ma condition me plaît, et je ne veux point en changer. Ce n'est donc pas moi qui mettrai jamais en péril la tranquillité de l'Europe. Mais si cette tranquillité est troublée, si des bruits de guerre s'approchent de mon territoire, si mon indépendance est menacée, alors je devrai songer à me défendre ; et je rentrerai malgré moi en possession de ma libre action. Pour prendre les armes, je ne serai point tenue d'attendre la décision de l'Europe assemblée ; car je l'ai déjà dit, mon territoire m'appartient, et j'entends être seule juge de ce que m'impose mon devoir. »

Toutes ces déclarations se trouvaient implicitement comprises dans le pacte de neutralité.

VIII.

En reconnaissant la neutralité armée de la Suisse comme nécessaire au maintien de l'équilibre européen, ou, pour employer des expressions moins vagues, comme nécessaire à la conservation de la paix générale, le congrès de Vienne avait dû aviser aux moyens de rendre cette neutralité possible. Car il eût été souverainement injuste de dire à un peuple : défends ton territoire, sans lui donner en même temps la possibilité de le faire d'une manière efficace. La conséquence de cette déclaration devait être d'assurer à la Suisse une bonne frontière militaire. C'est là en effet la première condition d'une défense un peu sérieuse.

Les souverains réunis au congrès n'avaient peut-être pas une confiance illimitée dans leur propre désintéressement ; chacun, jugeant les autres d'après lui-même, redoutait, non sans raison, quelques écarts d'ambition personnelle. Aussi devaient-ils attacher une médiocre valeur à la déclaration qu'ils venaient de faire. Et comme l'intérêt de tous était évidemment de sauvegarder la neutralité du territoire helvétique, ils jugèrent prudent de donner à cette neutralité une garantie plus solide que celle d'une promesse. En conséquence, on étudia avec soin les abords du nouveau territoire, et l'on reconnut sans peine que, du côté de la France, la rive droite du lac et les limites conventionnelles du canton de Genève ne constituaient pas une barrière suffisante.

Il y avait une excellente manière de remédier à cet inconvénient ; c'eût été d'unir à la Suisse, comme canton séparé, une partie du pays formant l'ancien duché de Savoie. Une ligne, partant du Fort de l'Ecluse, suivant la crête du Mont de Sion, courant rejoindre la ligne des Alpes, s'infléchissant au delà du Mont-Blanc, et venant couper la frontière du Valais au Grand St-Bernard, aurait marqué la partie du territoire sarde que la nature semblait avoir désignée d'avance pour faire partie de la neutralité helvétique.

Malheureusement cette combinaison si simple ne fut pas adoptée ; je crois cependant qu'à cette époque, les populations régulièrement consultées auraient consenti de grand cœur à devenir membres de la République. Au lieu de cela on s'arrêta à un expédient. On crut tout concilier en dédoublant les pouvoirs, c'est-à-dire en laissant au roi de Sardaigne l'autorité administrative et en comprenant, d'autre part, le territoire en question dans le système de défense de la Suisse. On accordait à ce dernier pays la liberté d'occuper avec ses troupes les provinces neutralisées, toutes les fois que cette occupation serait reconnue nécessaire à sa défense personnelle ou au maintien de la tranquillité européenne. Le Piémont s'engageait à ne mettre aucun obstacle à cette occupation.

Cette position équivoque n'offrait pas, à cette époque, tous les inconvénients qu'elle pouvait présenter par la suite. Le Piémont était alors une puissance de troisième ou de quatrième ordre, ennemie de la guerre par nature et par tradition de famille, suivant trop fidèlement les conseils d'un puissant allié, et ne songeant à rien moins qu'à une résistance à la lettre des traités. D'autre part, l'Europe soupirait après le repos et se réunissait dans une haine collective contre tout nouvel essai de conquête. Chacun désirait conserver ce qu'il avait gagné ou ne pas perdre au delà de ce qu'il avait perdu. La France, épuisée par vingt années de guerre, ne paraissait plus bien redoutable. Les hommes d'Etat de la Confédération crurent donc pouvoir accepter, en son nom, la situation qui lui était offerte ; et comme on ne leur donnait pas le choix, ils firent bien de prendre ce qu'on leur accordait. Pouvaient-ils prévoir que ces obligations plus ou moins vagues, pourraient devenir plus tard une cause de dangers sérieux pour leur patrie ?

La neutralité de la Savoie fut ainsi la condition, en même temps que la garantie de la neutralité helvétique. Car en promettant de défendre l'entrée de son territoire contre toute tentative d'invasion, la Suisse n'avait pu contracter une obligation impossible. On ne s'engage pas à fermer la porte d'une maison qui n'a pas de murailles ;

et dans ce cas, si l'on veut être maître chez soi, il faut nécessairement appeler à son aide un nombre suffisant de défenseurs. Mais le pacte de neutralité s'opposait à ce que la Suisse pût s'adresser à une autre puissance, pour obtenir son secours, car une promesse en suppose une autre, et celui qui se lie n'est plus dans une situation parfaitement neutre. En conséquence, ôter la Savoie à la Suisse, modifier les conditions qui pouvaient lui permettre d'occuper ce territoire, c'était déchirer le pacte de neutralité, en forçant la Confédération à chercher au dehors des alliances.

IX.

Mon intention n'est pas de revenir ici sur les circonstances qui ont amené l'annexion de la Savoie à la France. C'est tout au plus si elles sont honorables pour ce dernier pays ; car pour atteindre cet important résultat il a fallu user de ruse, cacher longtemps son jeu, faire bon marché de la reconnaissance et mentir à bien des promesses. Mais la fin est assez avantageuse pour justifier l'emploi de semblables moyens [1].

---

[1] Les princes sont-ils tenus d'observer la parole qu'ils ont donnée ? — Voici à cet égard l'opinion d'un profond politique dont j'aime à citer les paroles : — « Qu'il soit louable chez un prince de garder la foi jurée et de vivre honnêtement, sans astuce, c'est ce que chacun peut comprendre. Néanmoins, nous voyons, par expérience, dans notre temps, que de grandes choses ont été accomplies par des princes qui, tenant peu de compte de la bonne foi, ont su adroitement circonvenir les esprits ; et ils ont fini par assujettir ceux qui

Les justes réclamations de la Suisse ont excité, au plus haut degré, l'hilarité de quelques journaux français. Ils ont trouvé très-plaisant qu'un petit pays osât disputer de ses droits avec un grand. Et comme ils ne risquaient absolument rien à le couvrir de leurs outrages, ils s'en sont donné à cœur joie. Cette fureur ne surprendra personne, puisque chacun sait que les plus grands ennemis de la liberté se trouvent parmi ceux qui l'ont reniée. Nous n'avons nullement l'intention de répondre aux insultes de ces Messieurs. L'habitude nous manque pour ce genre de discussion. Le jour où nous les verrons faire entendre au pouvoir devant lequel ils rampent, quelques vérités, même de celles qui ne blessent personne, nous tiendrons compte de leur opinion. Jusque là, ils trouveront bon que nous répondions à leurs attaques par un silence qu'ils qualifieront comme ils l'entendront: ils ont le choix entre la pitié et le mépris [1].

se confiaient dans leur loyauté. » (Machiavel, *le Prince*, ch. XVIII.) — Ne semble-t-il pas que ces paroles aient été écrites tout exprès pour notre époque? Il est vrai que le despotisme et ses finesses diplomatiques (c'est ainsi, je crois, qu'on les nomme) ne sont pas, pour le malheur de l'humanité, des inventions nouvelles.

[1] Ce jugement un peu sévère appelle une restriction. Je suis très-loin de confondre toute la presse française dans une réprobation collective. Il y a, en effet, deux catégories de journalistes : ceux qui, se faisant les instruments dociles du pouvoir, n'ont d'autre mission que d'applaudir aveuglément à toutes ses volontés; et ceux qui, malgré ce régime de fer, conservent encore le sentiment de leur dignité et un principe d'indépendance. Ces derniers, bien loin d'être pour nous un objet de mépris, ont droit, au contraire, à toute notre sympathie. Leur opposition, quoiqu'elle se fasse jour dans des limites bien étroites, est pour eux un acte de courage dont il faut

Quant à la Savoie, si elle n'avait pas été indignement sacrifiée, l'issue de cette affaire serait, il faut le dire, assez peu honorable pour elle. Lorsqu'une nation, habituée dès longtemps à la vie politique, se trouve placée subitement entre le despotisme le plus absolu et un régime qui lui promet des libertés plus larges encore, l'humanité est présente au débat, et son jugement ne saurait être douteux. Si la nation dont je parle, librement consultée, choisit le despotisme, elle se déshonore elle-même ; elle prouve par son choix qu'elle n'a jamais été digne de la liberté.

En est-il ainsi de la Savoie? Non certes ; car heureusement pour elle, personne ne se fait illusion. On sait, en effet, quelle est la valeur exacte de cette comédie politique que le consentement unanime de l'Europe a baptisée du nom de *Suffrage universel à la française.* Le gouvernement impérial n'en est pas aujourd'hui à son coup d'essai en ce genre ; il y a longtemps qu'il s'est familiarisé avec le jeu de la machine électorale, et l'expérience lui a appris à en connaître jusqu'aux moindres ressorts. C'est là un succès nouveau dans les fastes du despotisme. Jusqu'à ce jour, il s'était contenté d'écraser la volonté populaire; aujourd'hui il a trouvé le moyen de s'en faire une alliée, en combinant dans une union monstrueuse, le pouvoir absolu et le suffrage universel. Je me demande seulement,

leur savoir gré. Je serais honteux de paraître insulter à un malheur supporté noblement. Je regrette seulement pour la France que ce soient là de belles exceptions. Espérons, pour l'honneur de l'humanité, que leurs efforts ne seront pas inutiles à la sainte cause dont ils sont restés, malgré la rigueur des temps, les fidèles défenseurs.

comment une mystification aussi grossière n'a pas soulevé aussitôt l'indignation générale des honnêtes gens.

C'est donc le suffrage universel à la française, qui a été employé en Savoie, et il y a produit le résultat que l'on sait. Ce ne sont plus des majorités que ce système fait sortir de l'urne électorale; il lui faut plus que cela, il lui faut l'unanimité. On pourrait au moins y mettre un peu de pudeur et de vraisemblance : mais à quoi bon ? Les 12000 chefs de famille qui avaient signé de leur nom une demande formelle pour l'annexion de la Savoie à la Suisse, ne se sont plus retrouvés dans le résultat de l'opération; et la patrie de Garibaldi, la cité libérale et italienne, a dû frémir en elle-même lorsqu'elle a appris par son propre vote qu'elle n'aimait plus ni la liberté ni l'Italie, et qu'elle s'était donnée à la France. Tout cela est le produit du système, et il faut le triple bandeau de la vanité nationale pour croire encore à la sincérité de ces annexions.

Appelons les choses par leur nom. Il n'est pas vrai que Nice et la Savoie se soient données à la France. Elles lui ont été livrées, sans qu'il leur fût possible de s'en défendre. Elles ont été la solde des troupes qui ont aidé le Piémont à chasser les Autrichiens de l'Italie. Car lorsqu'un despote se bat *pour une idée*, ce n'est pas toujours pour celle qu'il avoue hautement; il y a des pensées de derrière, a dit Pascal. Les diplomates et les souverains les connaissent, aussi bien que les philosophes ou les théologiens. La France est donc rentrée dans ses déboursés; elle a retrouvé un plus grand nombre d'hommes qu'elle n'en avait perdus sur les champs de bataille. Et quant au Piémont, il s'est débarrassé d'une reconnaissance qui

menaçait de devenir un peu lourde. A son point de vue,
nous ne saurions le blâmer, quoiqu'il n'ait pas observé
avec la Suisse tous les égards qu'imposent des relations
de bon voisinage, et quoiqu'il ait rendu un assez mauvais service à l'Europe, en donnant une première pâture
à l'ambition, jusque là dissimulée, de la France. Pour
lui-même, il a consacré par cet abandon de territoire, le
principe très-fâcheux des compensations. Qui sait s'il ne
sera pas obligé de payer encore la neutralité de celui qui
lui a vendu si cher son concours? Je désire pour l'Italie
que ces prévisions ne se réalisent pas. Mais elle-même ne
commence-t-elle pas à reconnaître que le despotisme est
pour la liberté un allié dangereux?

La Savoie est donc française; elle y a perdu un bon
roi; elle y a perdu sa liberté. En revanche, quelques grands
seigneurs savoisiens y ont gagné la livrée et la paie de
sénateurs; et quant au clergé, il se frotte les mains du
bon tour qu'il vient de jouer au vieil ennemi du Pape, à
l'excommunié Victor-Emmanuel. Cette pieuse joie suf-
fira-t-elle pour faire oublier au peuple de Savoie tout ce
qu'il a perdu? Les impôts lui sembleront peut-être un
peu lourds: mais il se consolera en pensant que Paris est
une bien belle ville et que son argent s'y trouve employé
d'une manière bien honorable pour lui.

X.

La conquête ou, si l'on veut, l'annexion de la Savoie,
accomplie en dépit des réclamations de la Suisse, consti-

tue pour ce pays une menace permanente. Non-seulement, elle affaiblit ses moyens de défense, mais elle
accuse, chez son puissant voisin, des intentions peu ras-
surantes pour son avenir. Ce premier essai d'agrandissement territorial doit être pour elle, comme pour toute
l'Europe, un sujet de méditations très-profitables. Les
mêmes raisons que l'on a données pour justifier cette
conquête, serviront pour d'autres encore; comme elles ne
sont pas sérieuses, l'intérêt en pourra tirer toutes les conséquences qu'il lui plaira.

On a parlé de mesures défensives, d'une prétendue nécessité de protéger la France, contre les dangers que
pourrait lui faire courir l'agrandissement excessif de la
monarchie piémontaise. Je me demande comment l'on
ose alléguer de semblables motifs: la France, puissance
militaire de premier ordre, rechercher des garanties
contre le Piémont, son allié, dont toute la politique doit
être de la ménager, pour opposer son influence à celle de
l'Autriche! On a parlé du désir des populations: ce désir
s'est manifesté d'une manière bien tardive. La Toscane
n'a pas attendu qu'on vînt la solliciter de se donner au
Piémont; et toutes les objections, les menaces mêmes de
la diplomatie n'ont pu l'empêcher de courir où la por-
taient ses sympathies. Je cherche vainement les traces
d'un semblable enthousiasme chez les populations de
Nice et de la Savoie, avant que les journaux français se
soient avisés de l'inventer. Ces mêmes journaux n'imagi-
nent-ils pas de pareilles manifestations annexionnistes
chez certains cantons de la Suisse? La vérité de ces der-
nières assertions nous donne la juste valeur des pre-

mières. Le fait est que les provinces annexées n'ont pas eu le choix. On leur a annoncé que le Piémont les avait cédées à la France, et l'on a exigé d'elles la confirmation de cet acte. Elles ont obéi à la nécessité, et rien de plus. Toutes ces prétendues raisons ne sont donc que de très-mauvais prétextes; et nous serions encore réduits à deviner le véritable motif, si ces mêmes journaux ordinairement fort réservés, et pour cause, n'avaient oublié dans la joie du triomphe leur discrétion habituelle. Ils nous ont appris naïvement que l'intention bien arrêtée de la France était de retrouver ces frontières naturelles que l'Europe lui refuse contre toute justice. Quelques-uns même ont poussé la franchise jusqu'à nous déclarer que ces frontières appartenaient à la France, et qu'elle finirait bien par les reprendre de gré ou de force, tôt ou tard.

Quoique de pareilles prétentions soient faites pour soulever l'indignation universelle, nous n'en devons pas moins beaucoup de reconnaissance à ces enfants terribles du despotisme. Grâce à leur indiscret babil, nous savons désormais à quoi nous en tenir sur le prétendu désintéressement de la France; nous savons, à ne pas en pouvoir douter, qu'il y a parmi les sommités politiques de ce pays des hommes *qui ne comprennent pas leur siècle.* On nous avait cependant affirmé le contraire. Mais que coûtent les affirmations? rien que la peine de les démentir.

Ce qui nous rassure, c'est que nous ne sommes pas seuls menacés; la Belgique, l'Allemagne ont senti comme nous l'aiguillon, et ces généreuses nations ont frémi de colère, en voyant traiter avec tant d'insolence leurs droits les plus sacrés. Elles sont restées calmes, mais attentives et bien décidées à tout sacrifier pour défendre leur indépendance. Peut-être la France reconnaîtra-t-elle un jour qu'il est plus facile de faire des menaces que de les accomplir.

Cependant, de tous ces pays, celui qui se trouve le plus exposé, c'est encore la Suisse. Elle est sur la route même où s'est engagée l'ambition de la France; elle se trouve comme enveloppée dans ses nouvelles et ses anciennes possessions; elle est petite, isolée; de plus elle est républicaine. En voilà assez pour compromettre sa sécurité. Ajoutez à cela que l'occupation du territoire helvétique assurerait à jamais la prépondérance militaire de la France au sein de l'Europe. Retranchée derrière les Alpes comme dans un repaire, elle pourrait à son gré jeter ses armées sur l'Allemagne ou sur l'Italie. Comment défendre la ligne du Rhin lorsqu'on aurait derrière soi une semblable forteresse? La possession de la Suisse est, pour une grande puissance, la clef de la domination européenne. Il faudrait un peu plus que de la confiance, pour se persuader que des considérations tirées de l'ordre moral, pourront arrêter à temps l'essor ambitieux d'un despote.

On dira peut-être qu'une agression sans motif soulèverait contre celui qui s'en rendrait coupable l'indignation universelle. Craint-on qu'il ne manque un prétexte? Qu'on se rassure : il s'en présentera, aussitôt qu'on le voudra, et l'on agira avec tant d'adresse que nous-mêmes nous paraîtrons les fournir. En nous écrasant, on se plaindra encore, et une usurpation odieuse aura toutes les apparences d'un acte de simple justice.

Il n'est pas douteux, en effet, que l'annexion de la Savoie et plus encore les circonstances qui l'ont amenée, n'aient excité en Suisse un ressentiment profond contre la France impériale. Faut-il s'en étonner? L'abus de la force a quelque chose en soi de si odieux qu'il doit nécessairement soulever l'indignation publique ; à plus forte raison encore, lorsqu'il s'y joint une nuance d'ingratitude. La Suisse ne peut oublier qu'elle a servi d'asile à celui qui la frappe aujourd'hui, qu'elle lui a donné une patrie lorsque la France la lui refusait, qu'elle l'a défendu loyalement, et qu'elle a exposé pour lui son bien le plus cher, son antique indépendance. Elle ne devinait pas alors ce que serait un jour pour elle ce fils dénaturé ; mais quand il lui aurait été donné de le prévoir, j'ose dire qu'elle n'aurait pas agi autrement qu'elle ne l'a fait. Dans la politique d'un peuple libre, l'intérêt s'efface toujours devant l'autorité souveraine du devoir.

César peut ne pas se souvenir de ce que fut Octave. Mais le peuple a meilleure mémoire, il n'a rien oublié, et ce souvenir est pour lui l'objet d'une indignation profonde. Le langage de la presse française ne contribue pas à l'adoucir ; le ton de dédain qu'elle emploie volontiers en parlant des prétentions de la Suisse, les plaisanteries plus ou moins fines qu'elle se permet, les menaces dont elle se fait l'organe, tout cela pourrait nous laisser assez calmes. Car il y a certaines gens dont le mépris honore. Mais nous ne leur pardonnons pas les mensonges par lesquels ils cherchent à nous compromettre aux yeux de l'Europe, nous ne leur pardonnons pas d'outrager les populations de la Suisse romande en leur prêtant de honteuses tendances vers le régime impérial. Je ne qualifierai pas ici ces affirmations que la conscience de tout homme honnête saura bien appeler du nom qu'elles méritent. Seulement je dois dire que rien n'est mieux fait pour inspirer à la Suisse, contre les auteurs de semblables menées, une haine à jamais implacable.

Dans de telles circonstances, il est à peu près impossible qu'il ne se présente pas quelque prétexte à une intervention de la France. Les habitants du pays de Gex viennent journellement à Genève, et leurs vantardises doivent, on le comprend, échauffer quelque peu la bile de nos susceptibles concitoyens. Qu'on les prenne pour des agents provocateurs et qu'on les traite comme tels, cela serait assurément regrettable; mais ces violences ne seraient-elles pas jusqu'à un certain point expliquées, sinon justifiées par les circonstances? Les peuples sont en général peu disposés à la charité chrétienne; lorsqu'on leur frappe la joue droite, leur premier mouvement n'est pas de tendre la gauche. Le peuple suisse est naturellement bon et hospitalier, mais il n'entend pas raillerie au sujet de ses droits; et lorsqu'on l'outrage, il est plus enclin à se fâcher qu'à courber respectueusement la tête. A tout prendre, je crois que la vie républicaine convient mieux à un tel peuple que le régime despotique.

Le canton de Genève, placé entre le pays de Gex et le nouveau département de la Haute-Savoie, va devenir la grande route de la France. Parmi tous ces passants, il s'en trouvera, comme il s'en est trouvé, qui ne mettront pas, dans leurs rapports avec la population suisse, toute la prudence désirable; déjà l'on a vu le drapeau tricolore venir parader à une portée de fusil de la rive vaudoise; le mot d'annexion a été prononcé sur les quais mêmes de Genève. Les citoyens ont reçu assez mal ces essais d'une stupide propagande. Les journaux français se sont emparés de ces faits pour les amplifier; leurs cris de victimes blessées se sont fait entendre d'un bout de l'Europe à l'autre. En même temps, ils ont inventé je ne sais quelles manifestations annexionnistes sur certains points du territoire helvétique. Or, avec le régime qui pèse sur la presse, ces opinions de journaux ont une portée assez grave. La susceptibilité du gouvernement ne s'est point éveillée; tout au contraire, on leur a laissé libre carrière pour traiter ce beau sujet. En revanche, lorsque, il y a peu de jours, la Société des officiers suisses s'est réunie à Genève, pour y resserrer dans une fête solennelle les liens qui unissent entre eux les différents membres de la famille helvétique, un ordre supérieur a interdit aux journaux de faire mention de cette réunion trop significative. Craignait-on de reconnaître implicitement l'unanimité de la Suisse? Considérait-on cette fête patriotique comme d'un exemple fâcheux pour la France? Je ne sais; mais quoi qu'il en soit, il faudrait un bien étrange aveuglement pour ne pas vouloir comprendre ce que tout cela signifie.

XI.

Que la Suisse soit menacée, c'est un fait évident à mes yeux. Elle l'est par la force des choses; elle l'est par la nature du gouvernement français; il n'est pas bien sûr qu'elle ne le soit pas, d'une manière plus directe, par les intentions de ce gouvernement. Il n'y a donc pas de temps à perdre pour conjurer le danger.

Dira-t-on que ce danger n'est pas immédiat? Je réponds qu'il l'est toujours, puisqu'il l'est tout entier dans le bon plaisir d'une volonté qui ne connaît point de règles. Le canton de Genève est, aujourd'hui, enclavé dans le territoire de l'Empire; le canton de Vaud a un flanc largement ouvert. Une armée française y entrera par deux côtés à la fois, aussitôt qu'elle le voudra. Nous sommes tranquilles pour le moment, parce que la France a sur les bras des affaires assez graves, et qu'elle hésiterait avant de compliquer encore une situation déjà fort tendue. Elle sait que l'Europe a les yeux sur elle, que le sentiment général n'est pas précisément la confiance: elle craint une explosion de colère et elle ménage avec soin toutes les susceptibilités nationales. Mais les circonstances peuvent changer. Les péripéties de la question d'Orient peuvent amener entre les deux grandes monarchies absolues, le despotisme russe et le despotisme français, un rapprochement qui semble d'ailleurs dans la nature des choses. L'Europe, serrée dans cette formidable étreinte, pourra ne pas se sentir la force nécessaire pour y résister. A ce moment-là, si la Suisse venait à donner le moindre ombrage à son puissant voisin, on pourrait la considérer comme une nation perdue. Je ne dis pas que ces suppositions se réalisent; je dis seulement qu'elles sont probables, et l'on m'accordera au moins qu'elles sont possibles. Une telle possibilité suffit pour nous faire réfléchir. Si donc le régime bonapartiste n'est pas de notre goût, je crois qu'il ne sera pas inutile de songer à prendre quelques dispositions préventives.

Mais l'Europe a garanti la neutralité de la Suisse ; tout acte d'agression contre ce pays serait pour elle une insulte personnelle ; sa promesse ne suffit-elle pas pour nous rassurer ? — On m'accusera peut-être de scepticisme politique ; mais je dois avouer que je compte peu sur le secours de la diplomatie. Avant qu'elle ait échangé ses notes, formulé, corrigé, corrigé encore ses propositions, qu'elle ait demandé un Congrès, ajourné sa réunion, noirci beaucoup de papier et dépensé beaucoup de temps, l'ennemi aura eu tout le loisir nécessaire pour s'installer chez nous, et la pauvre Suisse sera sacrifiée. Les Congrès n'ont, en général, d'autre mission que celle de constater les faits accomplis et de légaliser ce qui était illégal. Ce sont eux qui, de tout temps, ont disposé magistralement des destinées des peuples, et rivé les chaînes qu'on les suppliait de briser. Le droit du plus fort y a toujours été admis comme règle souveraine de la politique. Ce n'est pas sur un Congrès que nous devons fonder notre espoir de salut. J'admets que la Suisse y trouvât des voix éloquentes disposées à prendre sa défense, cette sympathie très-probablement ne sortira pas du cercle de la théorie. On se bornera à lancer dans le monde une protestation stérile, et l'on se séparera, chacun pensant avoir assez fait pour son honneur. C'est là tout ce qu'on peut attendre d'une réunion toute diplomatique où la voix des peuples n'aura pas le droit de se faire entendre. Espérer davantage, espérer que les nations européennes se sacrifieront pour nous défendre, c'est montrer beaucoup de foi, mais bien peu d'expérience ; c'est supposer chez les souverains un désintéressement sur lequel il serait dangereux de compter. La puissance de l'agresseur atténuera singulièrement la gravité de ses fautes, et diminuera d'autant le désir de l'en punir. En apprenant que la vieille République n'existe plus, sans doute on ne pourra se défendre d'un sentiment de commisération ; quelques-uns diront : « c'est dommage, » puis on se hâtera de n'y plus songer. Qui sait même si plusieurs seront bien fâchés de voir disparaître du milieu de l'Europe cette antique citadelle de la liberté ?

« Mes amis, il n'est point d'amis, » a dit un sage. Ce mot, bien triste en soi, est presque vrai lorsqu'il s'agit de politique. Au moins est-il prudent d'agir en tout, comme s'il était vrai. Ne comptons pas sur une bienveillance étrangère. C'est à nous-mêmes qu'il appartient de veiller à notre sûreté.

XII.

La Suisse a une armée ; je le sais, et je crois pouvoir promettre en son nom qu'à l'heure du danger, elle ne faillira pas à son devoir. Les Français la raillent très-agréablement. Il semble, à les entendre, que leurs soldats soient pétris d'une autre chair que les nôtres ; il semble que leurs zouaves ou leurs turcos aient inventé la bravoure militaire. Et si l'on parle de cette bravoure frivole qui aime la guerre pour elle-même, sans se soucier du but à atteindre, courant au combat comme à une fête, et faisant d'une chose horrible un plaisir, peut-être, en effet, l'ont-ils inventée : nous ne leur disputerons pas cet honneur. J'admire fort peu, je l'avoue, cette impétuosité aveugle, qui se jette dans la mêlée, tête baissée, sans comprendre la gravité de l'acte qu'elle accomplit, sans éprouver un instant de remords ou seulement de regret à la pensée du sang qu'elle va faire couler. Le courage est une chose noble en soi ; mais la gaieté devant la mort accuse une âme peu généreuse. J'ai toujours, pour ma part, éprouvé plus de tristesse que d'admiration, en entendant applaudir autour de moi ces déplorables facéties qui font pâmer d'aise les bons bourgeois de Paris. Le cri célèbre, « *à la fourchette,* » me paraîtrait mieux placé dans la bouche de cannibales ignorants que dans celle d'hommes civilisés, de chrétiens. Si donc c'est de cette bravoure-là qu'il s'agit, nous ne félicitons pas la France de l'avoir inventée.

Mais il y a un courage sérieux, celui d'un homme qui se bat pour une idée qu'il croit juste, pour un intérêt général auquel il n'hésite pas à se sacrifier, lui individu, lui membre responsable d'une certaine famille. Disons-le à l'honneur de l'humanité, cette espèce de courage n'est pas nouvelle. L'antiquité l'a connue, et le fait d'armes des Thermopyles en sera un exemple à jamais mémorable. L'époque moderne n'en a pas perdu le secret. Toutes les fois qu'une grande injustice a été commise, on a vu des populations entières venir réclamer leurs droits, avec une énergie invincible, parce qu'elle était le fruit d'une conviction raisonnée et non d'un instinct brutal de destruction. Tel fut l'effort sublime tenté par le peuple allemand dans cette grande journée de Leipzig qui a mérité dans l'histoire une place toute particulière sous le nom de bataille des nations ; tel fut l'héroïsme des Anglais à Waterloo, immobiles sous la mitraille qui trouait leurs rangs, parce qu'ils s'étaient dit que leur devoir était de mourir à cette place, et de n'abandonner la lutte qu'après avoir vaincu. Et s'il fallait des exemples plus récents, les victoires prodigieuses de Garibaldi et de ses volontaires seraient là pour nous les offrir.

La Suisse est-elle restée étrangère jusqu'à ce jour au genre de bravoure dont nous parlons? Le souvenir de St-Jacques suffirait pour prouver le contraire, et les Français du temps en surent quelque chose. Mais, sans remonter aussi haut dans l'histoire, ne pouvons-nous pas rappeler la défense héroïque opposée par les montagnards du Bas-Unterwald aux forces vingt fois supérieures qui descendaient du Brunig. La petite République avait eu le tort de ne pas vouloir confondre sa cause avec celle de la grande ; de ne pas reconnaître dans le régime de la Terreur les traits chéris de sa vieille liberté. On essaya de la convertir par la violence ; et pour réussir dans ce beau dessein, il fallut en employer beaucoup. Cette belle vallée, si verte et si riante aujourd'hui, dans sa rustique simplicité, a vu couler des flots de sang ; elle a vu ses paisibles habitants écrasés sans être vaincus, sous les flots tumultueux d'une horde sanguinaire. Elle a demandé le nom de ces hommes qui passaient ainsi, laissant derrière eux un désert, égorgeant les femmes pour se venger de leurs époux et punissant sur les enfants l'héroïsme de leurs pères. On lui a répondu que ces hommes étaient des Français venus de fort loin pour enseigner la liberté aux descendants des Waldstætten. Ce sont là les souvenirs que la France a laissés de son passage à travers nos mon-

tagnes ; voilà les bienfaits dont nous lui sommes redeva-
bles. Et l'on s'étonne encore que nous puissions ne pas
l'aimer !

Quoi que puissent en penser les militaires de profes-
sion, je crois, pour ma part, qu'une armée se battra toujours bien lorsqu'elle se battra pour ses foyers, pour son
honneur et pour son indépendance. Le citoyen le plus
paisible deviendra un taureau furieux lorsqu'un étranger
osera le menacer dans ce qu'il a de plus précieux au
monde. L'indignation improvise des soldats ; et si j'avais
à choisir entre une armée bien instruite, et un peuple
soulevé par le sentiment d'une criante injustice, c'est celui-ci que je choisirais. Un homme irrité sait toujours
manier son arme, encore qu'il ne l'eût jamais touchée
auparavant ; la nature elle-même se charge de le lui enseigner. Cependant, nous n'en sommes pas tout à fait là.
La Suisse, en renonçant aux expéditions extérieures, n'a
pas oublié cet art dans lequel elle excellait jadis ; elle est
encore une nation militaire. Notre peuple aime le bruit
des armes, et ce qui, pour d'autres, serait une lourde
charge, est pour lui un plaisir. Il accepte sans répugnance
les obligations du service militaire que le bien de l'Etat
lui impose ; il y consacre sans regret une partie assez
notable de son temps. Dans la plupart de nos cantons, le
tir à la carabine est le premier divertissement de la jeunesse ; de tout petits enfants s'exercent à manier le fusil,
et avant d'avoir atteint l'âge d'homme, ils y sont déjà fort
habiles. Tout cela n'est pas à dédaigner ; celui qui aime
son arme ne reculera pas devant l'occasion de s'en servir.
Achille se trahit en choisissant une épée. Les goûts sont

toujours l'indice du talent, et celui qui redoute la guerre, ne cherchera pas de préférence les plaisirs belliqueux.

La conséquence de tout cela, c'est que la conquête de la Suisse ne sera pas une œuvre aussi facile qu'on se l'imagine, et qu'il faudra sacrifier beaucoup de vies, pour enlever les positions défendues par ces robustes montagnards et par leurs redoutables carabines. Il faudra plus de monde encore pour les garder après les avoir conquises. Car la liberté, lorsqu'on la comprime, devient révolutionnaire. Nous pouvons donc compter sur une bonne et vigoureuse résistance. Mais cela ne suffit pas : le nombre et la force peuvent triompher du plus brillant courage. Il faut que cette résistance puisse avoir quelque espérance de succès ; il faut donc travailler d'avance à la rendre possible. Sans cela, elle ne serait plus qu'une héroïque folie.

XIII.

Je suppose qu'un corps de troupes françaises se jette à l'improviste sur le canton de Genève, tandis qu'une autre division opèrera un débarquement sur la rive vaudoise. Que pourrons-nous faire dans de telles circonstances ? Quelle résistance pourrons-nous opposer à ces étrangers ? Sera-ce les quelques bataillons dont nous pouvons disposer qui leur feront repasser la frontière ? Il serait téméraire de l'espérer. Il y aura beaucoup de citoyens tués ; mais leur dévouement, sans profit pour la patrie, ne servira qu'à rehausser la gloire des zouaves. Ils se vanteront d'avoir expédié, *à la fourchette*, les paisibles habitants d'un pays libre, et cette idée ne pourra manquer de les réjouir. Nos voisins du canton de Vaud, occupés à défendre leur propre territoire, arriveront lorsque le mal sera fait. Telle est la situation extrêmement difficile, que l'annexion de la Savoie a créée à la Suisse romande.

Il n'en était pas ainsi autrefois. Lorsque le Chablais appartenait encore au Piémont, le canton de Vaud était à l'abri d'un coup de main. Genève savait qu'elle pouvait compter sur un secours immédiat, et qu'au premier signal du danger, le lac lui amènerait de nombreux renforts. Ces renforts eux-mêmes laisseraient aux cantons allemands le temps nécessaire pour s'armer et voler à l'aide de leurs confédérés. Je ne dis pas que l'invasion était alors impossible ; je dis seulement qu'elle était plus difficile, que la Suisse était en mesure d'opposer à l'ennemi une énergique résistance, et que cette résistance, excitant la sympathie de l'Europe, devait rendre son intervention plus efficace. La France ne pouvant entrer en Suisse que par les défilés du Jura, et rencontrant au delà de ces défilés une armée suffisamment nombreuse, bien résolue à se défendre, n'aurait pu marcher en avant qu'au prix de grands sacrifices. Peut-être aurait-elle regardé à deux fois avant de s'y décider. La conquête de la Suisse romande était, à l'époque dont je parle, une véritable entreprise militaire ; aujourd'hui elle n'est plus qu'une expédition de second ordre. Genève peut être instantanément séparée de la Suisse, et privée de toute espèce de secours. Cette ville sera désormais un danger permanent pour la Confédération ; c'est par elle que la France essaiera de la tenir sous sa dépendance ; et lorsque le gouvernement fédéral ne se montrera pas l'esclave dévoué de la politique impériale, un mouvement de troupes combiné simultanément dans les garnisons de la Savoie et du département de l'Ain, suffira pour le mettre à la raison.

Si la supposition que nous avons faite venait par malheur à se réaliser, si une armée française envahissait Genève, je me demande ce que la Suisse pourrait faire. Son intérêt lui conseillerait d'abandonner cette partie de son territoire, pour porter la défense plus loin, sur la ligne de la Broye. Mais cet abandon qui ressemblerait à une trahison, exciterait l'indignation de tous les citoyens. Notre vieille devise : *un pour tous, tous pour un*, s'accommoderait mal de ces finesses stratégiques. Laisser Genève aux mains de l'ennemi est un calcul qui peut entrer dans l'âme d'un despote, mais non dans celle d'un peuple libre. Le général qui adopterait un tel parti aurait contre lui la nation tout entière ; bon gré mal gré, il serait contraint de marcher en avant.

Faudra-t-il donc se résigner à une défense désespérée? Faudra-t-il sacrifier, pour sauver une ville, tant de vies précieuses, et cela lorsque la raison montre avec la plus entière évidence l'inutilité de pareils efforts? Ce serait assurément une triste perspective. Voilà pourtant la situation qui nous a été faite par l'annexion de la Savoie à la France. Et l'on a osé dire que cet événement ne portait aucune atteinte à la neutralité helvétique ! Il est vrai que l'on s'est appuyé, à cet égard, sur des promesses formelles de la part de la France. Mais nous ne sommes pas tenus de croire à la sincérité de ces promesses. Nous ne voulons pas que notre existence dépende du bon plaisir d'un souverain. Notre indépendance doit être garantie d'une manière plus sérieuse. Nous avons reconnu qu'elle est gravement compromise ; et comme c'est nous qui sommes les meilleurs juges, dans une cause qui nous touche de si près, aucun raisonnement ne pourra nous faire revenir de cette conviction. En réclamant du roi de Piémont la cession de l'ancien duché de Savoie, le gouvernement impérial a porté un coup redoutable à la sécurité de la Suisse. En même temps, il a menacé l'Europe. C'est là un fait qui présente à nos yeux toute l'autorité de l'évidence. Il est inutile de s'y arrêter plus longtemps ; les plaintes et les récriminations sont désormais inutiles. La France s'en rit, et l'Europe préfère ne pas les entendre. Le mal est fait ; il s'agit d'en chercher le remède.

XIV.

Avant tout, il importe de travailler sur nous-mêmes. Nos malheureuses guerres civiles ont laissé des plaies que le temps n'a pu cicatriser entièrement : il importe qu'elles soient fermées au plus tôt. De tous nos moyens de défense, le premier et le meilleur, c'est la concorde. Une Suisse divisée, hésitante, serait pour l'ennemi une proie facile ; l'unité seule peut nous permettre une résistance vraiment digne de ce nom. Or je remarque avec chagrin que les haines de partis ont été poussées chez nous au delà des limites raisonnables. De telles animosités se comprennent chez une nation qui cherche encore ses principes, qui échange de vieux préjugés contre des idées nouvelles. Alors le parti du mouvement et celui de la résistance se trouvent former une opposition absolue. Il n'y a plus entre eux une simple rivalité, il y a un antagonisme qui ne pourra disparaître que par l'anéantissement de l'un ou de l'autre. Chez nous, Dieu merci, il n'y a rien de pareil. La liberté n'est pas, sur le sol de notre patrie, comme une plante étrangère que l'on vient d'y introduire et qu'il faut défendre contre des attaques insensées; elle croît sans culture dans nos montagnes, et si l'on tentait de l'arracher, il faudrait bouleverser jusque dans ses entrailles, le sol de la vieille République. Il n'y a donc chez nous aucune opposition essentielle; nous sommes d'accord sur les principes. Tous chérissent la liberté; tous sont prêts à lui sacrifier ce qu'ils ont de plus précieux. Pourquoi donc des luttes si animées? Comment de simples questions d'amour-propre, de sympathies ou d'antipathies personnelles, peuvent-elles faire oublier aux citoyens le respect et l'amour qu'ils se doivent. En se détestant mutuellement, en ne laissant échapper aucune occasion de se nuire, ne voient-ils pas qu'ils outragent la République elle-même qui ne vit que par l'union de ses enfants?

Je ne veux rien exagérer. Je sais que sous ces divergences souvent passionnées, se cache encore un vrai patriotisme. Je sais qu'à la première apparence du danger, toutes les haines sont oubliées, la barrière qui séparait les partis tombe comme par enchantement, et tous se réunissent pour défendre ce qui appartient à tous. Il y a dans cet élan spontané, dans ce retour unanime à la concorde et à l'union, quelque chose de grand qui peut séduire l'imagination et l'aveugler sur la gravité de la situation. Mais la raison n'est pas si facile à éblouir, elle peut approuver un mouvement généreux, tout en désapprouvant les conditions qui l'ont rendu possible. Un rapprochement tardif et provisoire ne suffit pas, pour donner à la patrie cette assurance qui fait sa principale force. Elle sait que derrière cette unité factice, il y a encore bien des diversités réelles, bien des ressentiments et bien des défiances ; elle craint que les causes qui l'ont produite, ne soient pas toujours suffisantes pour la maintenir. Enfin sera-t-il toujours assez tôt pour remédier aux inconvénients souvent très-graves créés par la haine des factions ? Des esprits éminents ont été écartés des affaires et remplacés par des hommes de parti, c'est-à-dire presque toujours par des médiocrités présomptueuses. Car les passions politiques sont pour le mérite des juges peu compétents. Il en résulte que l'Etat risque d'être mal dirigé et les armées commandées par des officiers incapables. Or à l'heure du danger, il n'est plus temps de remettre les choses dans leur état rationnel.

Je ne demande pas, bien loin de là, que les partis cessent d'exister : ce serait désirer l'anéantissement de toute intelligence, ce serait vouloir réaliser cette torpeur générale dont le despotisme se glorifie, en l'appelant de beaux noms : l'ordre, l'unanimité, le respect de la loi, et que sais-je encore ? Mais je demande une tolérance mutuelle, une opposition d'idées qui n'aille jamais jusqu'à la haine des personnes, je demande que les divergences d'opinions ne dégénèrent pas en hostilité permanente et aveugle. Car tout ce qui n'est pas rationnel est un préjugé, et tout préjugé est funeste dans une république, parce qu'il est en contradiction ouverte avec les principes de la liberté.

L'union des citoyens est toujours une chose louable. Mais aujourd'hui elle est devenue une impérieuse nécessité. La situation qui vient de nous être faite, exige, de notre part, un redoublement de prudence. Jamais nous n'avons eu besoin de plus de dévouement; et le dévouement c'est l'oubli de soi-même, c'est le sacrifice de ses passions personnelles au bien de la communauté. Il importe que toutes les forces dont la nation peut disposer, soient employées utilement et dirigées vers un même but, celui de la défense nationale; aucune ne doit être négligée. Dispersées, elles feront peu de chose; réunies, elles formeront un tout, une puissance. Le temps est enfin venu, ce me semble, d'oublier ces rancunes surannées, si mesquines pour qui les regarde de loin, si dangereuses pour le pays. Les passions politiques se sont largement satisfaites : qu'elles cèdent la place à la raison, seul juge incorruptible : peu de jours lui suffiront pour réparer bien des injustices. Les circonstances sont difficiles: elles veulent que l'on place à la tête du gouvernement non pas les hommes qui plaisent le mieux à telle ou telle coterie, mais les hommes les plus éminents du pays. Il ne suffit pas de choisir les plus honorables, il faut encore qu'ils soient les plus habiles; et les plus habiles ne devront être admis qu'à la condition d'être en même temps les plus honorables. La sûreté de tous demande de l'habileté, et la dignité de chacun veut un gouvernement qu'il soit possible de respecter. Ces deux conditions sont indispensables. Mais pour qu'elles puissent se réaliser, la première

chose à faire est d'opérer entre les partis un rapprochement définitif. Alors seulement les hommes seront considérés en eux-mêmes, appréciés pour ce qu'ils valent
réellement, et non selon les vues particulières de telle ou
telle opinion politique.

Je constate avec satisfaction qu'il s'est opéré en Suisse,
depuis quelque temps, un très-grand progrès vers la ré-
conciliation des partis. Les antipathies existent toujours ;
mais elles sont moins vives, moins passionnées. Est-ce
lassitude, ou patriotisme ? Je ne sais ; mais quelle que
soit la cause de ce fait, il n'en est pas moins extrêmement
heureux. Il reste encore beaucoup à faire. Le temps achè-
vera sans doute l'œuvre qu'il a commencée. C'est vers ce
but que doivent tendre tous nos efforts ; car là se trouve
la première garantie de notre avenir, le plus solide appui
pour notre indépendance.

XV.

La seconde chose à faire, c'est de disposer, à tout événement, nos moyens de défense. Jusqu'à ce jour, notre
neutralité reconnue et garantie par l'Europe, nous dispen-
sait de songer bien sérieusement à la possibilité d'une
guerre. Nous nous y préparions à loisir, en gens qui sont
sûrs d'avoir la paix ; et notre département militaire s'oc-
cupait d'introduire dans l'armée fédérale certaines amé-
liorations théoriques, plutôt que d'en faire un instrument
pratique et facilement maniable. On se livrait à des essais
fort intéressants peut-être pour les tacticiens, mais d'une

utilité contestable lorsqu'on les considère au point de vue de la défense nationale. On changeait les règlements, puis on les changeait encore ; on réformait l'équipement ; on essayait de nouvelles armes. Et tout cela pouvait se faire impunément, lorsque l'on n'avait rien à craindre du dehors. Aujourd'hui les circonstances ont singulièrement changé. Cette neutralité sur laquelle nous comptions, n'est plus pour nous une garantie suffisante. L'Europe a montré par ses actes que, tout en nous aimant beaucoup, elle n'était pas disposée à embrasser résolument notre cause, et que son propre intérêt était à ses yeux beaucoup plus important que notre sûreté. Fermer les yeux sur l'avenir et se fier à des promesses diplomatiques, serait aujourd'hui la plus dangereuse des illusions. Il ne s'agit pas ici de consulter notre bon plaisir : que nous le voulions ou ne le voulions pas, il n'en sera pas moins vrai que nous ne sommes plus un pays neutre, car nous sommes directement intéressés dans toutes les agitations de l'Europe. Il nous importe au plus haut degré que telle grande puissance rentre dans des conditions normales. Tant que ce but ne sera pas atteint, nous serons bien forcés de conserver dans nos rapports avec elle une attitude, sinon hostile, du moins peu bienveillante. Les événements nous avertissent donc de songer à la guerre, et d'y songer sérieusement, comme il convient à des hommes qui peuvent être attaqués d'un moment à l'autre. Peut-être ne le serons-nous pas. Mais comme le contraire est également possible, il est bon d'avoir tout prévu.

L'organisation de notre armée, sans être tout à fait mauvaise, présente encore d'assez graves défauts; je vou-

drais appeler sur ce point important l'attention du gouvernement central et celle de la nation tout entière. Je
m'adresse surtout aux hommes que leurs études ont
rendus habiles dans les choses militaires, pour qu'ils re-
prennent ce sujet après moi, et pour que leur sagesse
vienne en aide à mon inexpérience. Si j'ai réussi à éveiller
leur sollicitude pour l'amélioration de notre armée, je
croirai avoir fait assez et ils me pardonneront les petites
bévues que je pourrai commettre.

Quand je parle d'amélioration, il va sans dire que je
n'entends point par là des réformes de détail, comme
celles qui ont été introduites à plusieurs reprises, et souvent, il faut le dire, assez mal à propos. Il ne s'agit pas
non plus d'une augmentation numérique. Je voudrais seulement, en thèse générale, que l'on pût trouver un moyen
de rendre notre armée assez forte pour opposer à une attaque sérieuse autre chose qu'une résistance désespérée.
Je reconnais qu'il y a eu de grands progrès accomplis
sous ce rapport: il en reste encore beaucoup à faire. L'important pour nous est bien moins d'arriver à la perfection
qu'à la stabilité ; et c'est précisément ce point essentiel
que l'on paraît avoir le plus oublié. Le perfectionnement
des armes, des règlements d'exercice, de l'uniforme, ne
sont pas, sans doute, des choses à négliger; mais ce serait
une grave erreur que d'en exagérer la portée. Lorsque
l'on considère l'ensemble des conditions qui font une
bonne armée, tous ces détails de service n'apparaissent
plus que comme des minuties. Un règlement médiocre,
familier au soldat, vaut infiniment mieux qu'un règlement plus parfait dont il ne sait pas le premier mot. S'il

pouvait oublier l'ancien, il y aurait peu d'inconvénients; mais sa mémoire, hésitant toujours entre l'un et l'autre, compromettra cette précision qui est, après la bravoure, la première vertu du soldat.

L'essentiel, c'est d'avoir des officiers capables, suffisamment instruits, une armée rompue à toutes les manœuvres, à tous les genres de service, chacun sachant parfaitement ce qu'il a à faire, et n'éprouvant jamais ni embarras ni hésitation. Pour cela, il faut une organisation simple et surtout définitive. Toute amélioration qui n'est pas strictement nécessaire est nuisible. On peut, à la rigueur, se passer de canons rayés; mais on ne se passe pas de l'ordre; sans ordre, il y a encore des soldats qui, pris individuellement, peuvent se battre fort bien; mais il n'y a pas d'armée dans le sens vrai de ce mot.

L'instruction des officiers est une des choses qui laissent le plus à désirer. Les armes savantes, le génie, l'artillerie, sont en général, grâce aux cours de l'Ecole centrale, assez bien commandées. Mais l'infanterie est loin d'être également bien partagée sous ce rapport. On s'imagine à tort que le premier venu, pourvu qu'il ait du zèle, sera toujours assez bon pour faire un lieutenant passable. C'est là une grave erreur, une erreur qui compromet au plus haut degré la solidité de l'armée. En outre l'avancement est, dans certains cantons, beaucoup trop rapide. Quelques années suffisent souvent pour faire d'un simple soldat un capitaine. Est-il possible qu'il ait acquis, en si peu de temps, une notion suffisante de ce qu'il lui est indispensable de connaître? Ne pourrait-on pas créer, pour les officiers d'infanterie, des écoles semblables à celles de l'état-major, exiger des examens, des preuves de capacité, et compenser les dépenses occasionnées par tout cela, en élevant le prix de la solde aujourd'hui insignifiante? La première condition pour assurer la force d'une armée, c'est qu'elle ait une entière confiance dans l'habileté et le savoir de ses chefs. En est-il ainsi chez nous? Nous voudrions pouvoir l'affirmer. Mais la sincérité nous oblige à garder le silence. Tout est loin d'être mauvais, mais il s'en faut de beaucoup que tout soit ce qu'il devrait être. Et si l'on songeait à contester la vérité de cette assertion, je ne craindrais pas d'en appeler à la conscience de nos soldats.

XVI.

J'ai dit qu'il fallait chercher une organisation simple et définitive. Je dirai bientôt ce que j'entends par là. Mais auparavant j'ai une déclaration à faire. Le système des armées permanentes n'a pas d'ennemi plus déclaré que celui qui écrit ces lignes. Je le considère comme funeste à la nation, qui n'a que faire de nourrir ces légions d'êtres improductifs ; comme nuisible aux progrès de la civilisation, parce qu'il enlève à la science et à l'industrie beaucoup de bras et d'intelligences pour les employer à des travaux inutiles en soi, et qui n'ont pas même l'avantage de développer l'esprit. Je le déteste enfin, parce que je vois en lui le dernier reste de la barbarie, le droit du plus fort érigé en loi. Ces armées sont pour la liberté un danger toujours présent. Un gouvernement n'a guère à compter sur elles, et le despotisme y trouve toujours un instrument docile de sa volonté. Tout cela est très-logique; on ne fait pas des citoyens avec des soldats ; ce n'est pas en paralysant les facultés les plus nobles de notre nature, en réduisant l'âme au rôle de machine spirituelle, qu'on préparera des hommes pour la vie politique. Sous le despotisme, le soldat est maître : il devient l'égal de tous, sous un régime libéral. Faut-il s'étonner si la seconde condition flatte moins son amour-propre que la première ?

Ces inconvénients sont d'une gravité telle, qu'ils priment complétement la raison d'utilité immédiate qu'on pourrait leur opposer. Cependant il faut bien reconnaître que le système des armées permanentes présente, militairement parlant, de grands avantages sur celui des simples milices ou des armées dites nationales. Non-seulement elles sont mieux exercées, mieux commandées, mais ce qui est plus important encore, elles sont plus homogènes ; elles agissent comme masses et non comme individus. La discipline y est aussi beaucoup mieux observée. Sous tous ces rapports, il serait ridicule de contester leur supériorité.

Nous arrivons ainsi à une double conclusion. D'une part, une raison très-forte établit l'utilité des armées permanentes ; de l'autre une raison, non moins évidente, les condamne absolument. J'ai dit que la seconde l'emportait sur la première, et je ne reviens pas sur cette déclaration. Je me demande seulement s'il ne serait pas possible de découvrir un système qui pût satisfaire à la fois ces deux exigences opposées, et conserver le bien tout en supprimant le mal. Je ne vois pour cela que deux moyens possibles.

XVII.

Le premier système se rapproche d'une organisation actuellement en vigueur chez une grande puissance européenne. Il consiste à assujettir tous les citoyens, sans exception, au service militaire, pendant l'espace de deux ans, de 19 à 21, par exemple, en leur laissant la liberté d'avancer ce terme d'une année ou de le reculer de trois ou quatre au plus. Pendant ce temps, ils seraient exclusivement soldats, soumis à toute la rigueur de la discipline; ils seraient exercés journellement à tous les détails du service; de plus, une instruction théorique complèterait pour eux l'expérience acquise par la pratique. On ne les laisserait pas trop longtemps stationner dans un camp ou sur une place d'armes; mais on leur ferait parcourir la Suisse dans tous les sens, afin de les rompre à la fatigue, et de leur donner l'habitude de ces marches dans les montagnes qui peuvent étonner une jeune armée.

Leur temps fini, ils quitteraient le service actif, non pour oublier tout ce qu'on leur aurait appris, mais pour être classés dans des bataillons formant d'abord un second contingent et ensuite une première réserve. Là ils seraient encore assujettis à des exercices plus ou moins fréquents, mais toujours dans le lieu même où ils auraient élu domicile.

Quant aux officiers et aux sous-officiers, ils seraient soumis à des examens préalables, et ne pourraient être admis dans les bataillons de réserve qu'après cinq ans au moins de service actif dans le premier contingent. Une solde suffisante et quelques autres avantages qu'il serait facile de stipuler, rendraient ces fonctions plus recherchées qu'elles ne le sont aujourd'hui. Des cours spéciaux seraient donnés, sans préjudice du service, aux officiers et sous-officiers de toutes armes.

Cette organisation, très-simple en elle-même, serait loin d'avoir, pour la liberté, les mêmes dangers que le système des armées permanentes. En effet, la troupe, se renouvelant par moitié toutes les années et en entier tous les deux ans, ne cesserait pas de faire partie intégrante du corps de la nation; elle ne formerait jamais un peuple à part, ayant ses lois, ses mœurs, ses tendances. Les officiers n'auraient pas le temps d'acquérir sur leurs soldats une autorité dangereuse pour la tranquillité publique. - On n'enlèverait à l'Etat que deux années de travail; et quelles années? Celles où l'homme s'agite le plus et travaille le moins. Un peu de discipline militaire n'aurait pas, sur cet âge ennemi de la règle, une trop mauvaise influence; et cette activité forcée serait, hygiéniquement parlant, un excellent moyen d'améliorer les conditions physiques de la race. Enfin, pour revenir à l'utilité politique, nous y gagnerions d'avoir toujours sous la main et à tout événement, un corps de troupes composé de l'élite de la jeunesse, bien armé, bien équipé, plein d'ardeur et commandé en outre par des officiers exercés. Ces avantages me paraissent considérables et suffisants pour nous décider à entreprendre cette petite révolution dans notre organisation militaire. Il y aura de nouvelles habitudes à prendre, quelques sacrifices à faire, mais au fond, je suis

sûr que tout le monde s'en trouvera mieux. On ne regrette
pas le temps que l'on consacre à une œuvre reconnue utile.
Et qui oserait contester l'utilité de celle dont nous parlons?

XVIII.

La seconde organisation qui a été proposée me paraît
moins satisfaisante que la première, dont elle est en quelque sorte un amendement. Néanmoins, elle serait encore
préférable à notre système actuel, et faute de mieux, je
serais d'avis de l'adopter. Elle consiste à établir des cadres permanents qu'il suffirait ensuite de remplir avec
des soldats. Ces cadres, bien instruits, donneraient de la
solidité à l'armée. On conserverait pour le reste l'organisation actuellement en vigueur.

Ce système mixte a sur le précédent le mérite de moins
charger le budget de l'Etat. Mais, au point de vue militaire, il est loin de réaliser les mêmes avantages. L'instruction des cadres est sans doute une chose essentielle ;
mais elle ne peut suppléer entièrement à celle du soldat.
Je crains que ce dernier, voyant devant lui peu de chances
d'avancement, ne se laisse aller à la négligence. Il pourra
bien se trouver humilié, en reconnaissant qu'il n'est plus
qu'un accessoire, pouvant être remplacé au besoin par
des perches, des cordes, ou tel autre système de repré-
sentation matérielle. Et peut-être n'éprouvera-t-il pas,
pour ses nouveaux directeurs, toute la bienveillance et
toute la déférence désirables.

Quant à l'augmentation de dépense, bien qu'elle soit, je le reconnais, assez forte, elle ne saurait entrer en balance avec les grands avantages qui résulteraient pour l'Etat, de l'adoption du premier système proposé. Ce système est si simple, qu'il pourrait être préparé en fort peu de temps. Quelques mois au plus suffiraient pour faire le nouveau classement, et, bientôt après, la machine serait en état de fonctionner. J'ajoute qu'il serait nécessaire de donner au soldat une solde assez forte pour que ces deux années de service ne devinssent pas, pour les familles peu aisées, une difficulté sérieuse. Du reste, il serait facile de stipuler des cas d'exemption.

Que le système soit adopté en principe ; les difficultés pratiques qui pourront survenir, ne nous arrêteront pas longtemps.

XIX.

Il ne sera pas inutile d'appeler l'attention du gouvernement fédéral sur la nécessité de fortifier certains points du territoire de la Suisse rómande. Lorsque l'on ne possède pas une bonne frontière stratégique, il faut en créer une, et on le fait au moyen de la fortification. Genève est aujourd'hui une ville ouverte. Ses vieux remparts ont été sacrifiés à des intérêts dont je suis loin de méconnaître l'importance. Il n'en est pas moins vrai que leur destruction expose cette ville, un des joyaux de la Confédération, à devenir la proie d'un hardi coup de main. Que pourront faire les Genevois, s'ils se réveillent, un beau matin, au milieu des bayonnettes françaises arrivées par le lac ou par le chemin de fer de Lyon, ou par l'une et l'autre voie en même temps? Ils pourront se faire tuer et rien de plus. Songer à restaurer l'ancien système, serait une entreprise peu désirable, alors même qu'elle serait possible. La science militaire n'est plus favorable à ces énormes enceintes continues, étreignant les villes dans un triple cercle de murailles et de bastions. Mais on pourrait, je crois, sans trop de difficultés, couvrir Genève du côté de la France, au moyen d'une série de forts détachés, soutenus en arrière par quelques ouvrages un peu plus importants. Les hauteurs de St-Jean, de la Bâtie, de Champel, de Cologny se prêteraient à l'exécution d'un semblable système. Retranchée derrière ces défenses, une faible troupe pourrait soutenir le premier choc d'une armée beaucoup plus nombreuse.

Des travaux du même genre pourraient être entrepris sur divers points de la rive vaudoise, pour s'opposer à un débarquement ou, tout au moins, pour le rendre plus dangereux : l'ennemi ayant derrière lui le lac et de chaque côté des ouvrages bien pourvus de défenseurs, se trouverait gêné dans ses opérations et n'oserait s'aventurer dans l'intérieur du pays.

Quant à l'exécution, sauf quelques cas exceptionnels, il ne serait point nécessaire d'employer dans ces travaux d'art, la grosse maçonnerie ; une fortification mixte, à grands reliefs, employant comme principaux matériaux le bois et la terre, me paraîtrait suffire à tous les besoins. En un mot, je voudrais que l'on suivît, dans la Suisse romande, un système analogue à celui qui a été adopté pour les fortifications de Bellinzone et de S. Luciensteig, et plus récemment, pour celles de Bâle. Elles sont moins coûteuses, plus faciles à compléter selon les circonstances, et la rapidité de leur construction suffirait seule pour les faire préférer.

La France se plaindra peut-être de ces préparatifs belliqueux, mais elle aurait mauvaise grâce à le faire. Car premièrement, ses actes envers nous ne sont pas de nature à nous inspirer une bien grande confiance, et secondement, nous sommes encore maîtres chez nous, Dieu merci. Les faibles ont le point d'honneur chatouilleux ; et la Suisse, précisément parce qu'elle est un petit Etat, se doit à elle-même de ne pas courber la tête devant la menace des puissants de ce monde. Notre maison est modeste, mais elle nous appartient ; nous pouvons en fermer la porte, si bon nous semble. Personne, fût-il pape ou empereur, n'a le droit de s'y opposer.

XX.

Tout cela, dira-t-on, exigera de bien grandes dépenses. Eh ! qu'importe la dépense ? L'essentiel est de nous garantir. Sacrifier son indépendance serait, au propre et au figuré, une économie très-mal entendue. La Suisse n'est-elle pas un pays riche ? Pourquoi ne ferait-elle pas pour sa défense ce que des nations lourdement obérées savent fort bien faire pour menacer leurs voisins ? Nous n'avons, par bonheur, point de Cour à entretenir, point de sénateurs à payer, point de journalistes à subventionner, enfin point de capitale à embellir aux frais de la province. Ce sont là des dépenses de luxe qu'un pays libre ne se permet pas, parce que ses habitants n'y voient pas une utilité bien positive. S'il en est ainsi, si chez nous les impôts de tout genre sont réduits à leur moindre expression nous pouvons bien consentir à quelques petits sacrifices. La satisfaction d'avoir accompli un devoir et la sécurité qui en résultera, seront une compensation suffisante. D'ailleurs, si l'Etat reculait devant l'idée d'augmenter les impôts, n'y aurait-il pas la ressource, toujours fructueuse chez nous, des souscriptions nationales ? Nous l'avons vu employée avec succès dans des circonstances moins graves. Nous n'avons pas chez nous, je le dis avec quelque fierté, la déplorable habitude de tout attendre du gouvernement. Nous savons, au besoin, nous réunir, pour exécuter, en dehors de toute impulsion officielle, une entreprise d'un intérêt général. C'est là un des fruits de la liberté, un résultat de l'éducation qu'elle nous a donnée. Il n'en est pas ainsi partout. Je connais des pays où les particuliers attendraient indéfiniment l'achèvement d'une chose indispensable, telle qu'une route, une fontaine, un édifice public; il ne leur viendrait jamais à l'esprit de prévenir l'action trop lente du gouvernement. Ils lui adresseraient pétition sur pétition, ils feraient plaider leur cause par des hommes influents. Mais si leurs efforts n'aboutissaient pas, ils se résigneraient à leur mauvais sort, plutôt que de s'associer pour satisfaire ce besoin collectif. Tel est le résultat du régime absolu; il paralyse chez les citoyens la libre activité, il les habitue à ne compter jamais que sur un secours étranger, et les dons qu'il leur fait sont encore un moyen de les tenir sous sa dépendance. C'est dans ce but que, dans un pays peu éloigné du nôtre, nous voyons aujourd'hui le gouvernement frapper les municipalités des grandes villes comme des foyers, foyers bien peu ardents, hélas ! d'indépendance, et réunir les fonctions, jusque là distinctes, du préfet et du maire dans les mains d'un sénateur. Et l'on sait ce que ce mot veut dire. Ce système est très-logique : il rappelle cette pensée d'un vieux despote qui souhaitait que le peuple n'eût qu'une tête, pour la trancher d'un seul coup. Aujourd'hui, le progrès de la civilisation s'oppose à de pareilles boutades. On ne songe plus à égorger les hommes, on se contente de les avilir. Et ce qu'il y a de plus triste, c'est que cette exécution morale les laisse calmes et presque satisfaits.

Je ne voudrais pas dire comme le pharisien de l'Ecriture : « Mon Dieu, je te remercie de ce que nous ne sommes pas comme ces gens-là. » Mais il m'est bien permis de désirer qu'ils ouvrent un jour les yeux sur l'abaissement relatif dans lequel ils se trouvent. Si nous sommes plus avancés sous ce rapport, c'est à la liberté que nous le devons ; moins heureux, nous aurions sans doute été moins sages. Dans tous les pays libéraux, qu'ils soient républicains comme la Suisse et les Etats-Unis d'Amérique, ou monarchiques comme la vieille Angleterre, on retrouve ce même caractère d'initiative individuelle ; chez les uns comme chez les autres, il y a un cercle laissé à la libre action des citoyens dans la sphère plus compréhensive de l'Etat. Il semble au contraire que les habitants d'un pays despotique soient condamnés à une éternelle minorité.

Si la Suisse s'adressait à ses enfants pour leur demander leur secours dans quelque grande entreprise nationale, quel serait le cœur assez égoïste pour ne pas répondre à son appel? Quelle bourse lui resterait fermée? Les plus pauvres comme les plus riches seraient heureux de contribuer, selon leurs ressources, à l'accomplissement du vœu général. Nous ne parlons pas sur des conjectures; nous avons eu bien souvent les preuves d'un semblable enthousiasme. Et si nous voulions les citer, nous n'aurions que l'embarras du choix. Pourrions-nous avoir oublié cette souscription si généreusement ouverte, il y a peu d'années, pour acquitter la dette contractée en de tristes circonstances, par quelques-uns de nos Confédérés? Cette œuvre de conciliation fut accueillie avec joie par la Suisse tout entière. Et plus récemment encore, lorsqu'il s'est agi de racheter la plaine historique du Grütli, pour la sauver d'une profanation utilitaire, n'avons-nous pas vu la somme demandée être, non-seulement atteinte, mais encore dépassée en un petit nombre de jours? C'était là cependant un intérêt bien secondaire. Que ne pouvons-nous pas espérer, lorsqu'il s'agira de pourvoir à la défense nationale?

On a fait grand bruit ailleurs, parce que des emprunts ouverts dans les conditions pécuniaires les plus avantageuses, ont trouvé promptement de nombreux souscripteurs. On a voulu en faire une manifestation nationale: c'était plutôt une manifestation intéressée. Chacun cherchait à profiter pour son compte, des avantages que lui offrait l'Etat. Chez nous, des sommes importantes ont été non pas prêtées, mais données spontanément par les particuliers poúr satisfaire un besoin général. Et l'on n'a pas crié pour cela au miracle. Cette différence s'explique d'une manière fort naturelle. C'est sans doute que la confiance dans un gouvernement despotique, est une chose plus étonnante que l'amour de la patrie, chez une nation républicaine.

XXI.

Un mot encore au sujet des dépenses. Si l'organisation militaire dont j'ai parlé plus haut, venait à être adoptée, on pourrait en tirer parti pour les travaux d'art à exécuter. Au lieu de bouleverser inutilement, deux fois par année, la plaine sablonneuse de Thun, il me semble que l'on agirait d'une manière plus avantageuse pour le pays, plus fructueuse pour les troupes elles-mêmes, en les employant à construire dés ouvrages d'une utilité réelle. Tout le monde y gagnerait, et le service en irait mieux. Tel qui manie nonchalamment la pelle, lorsqu'il s'agit de construire un parapet destiné à être détruit le lendemain, déploierait un zèle inaccoutumé, lorsqu'il saurait que son travail laissera un résultat positif; chacun se trouverait heureux de contribuer pour sa part à la défense nationale. Les officiers eux-mêmes y puiseraient une instruction plus profonde; car dans le militaire, comme dans toute autre chose, c'est à la pratique qu'il appartient de compléter et de féconder la théorie. Or les quelques travaux de fortification que l'on fait exécuter aux sapeurs du génie, ne constituent pas la pratique dans le sens vrai de ce mot. Ils ont beau être une application des règles posées, comme ils n'ont d'autre but que cette application, ils n'en restent pas moins un travail théorique. Il ne suffit pas qu'un officier sache exécuter un ouvrage de fortification ayant telle forme et telles dimensions, il faut encore qu'il sache pourquoi il le construit, pourquoi cette forme et pourquoi ces dimensions. La fortification n'est pas une chose absolue; elle a son but, et ce but est de corriger l'œuvre de la nature, de mettre en état de défense une position donnée. Elle ne crée pas la configuration du terrain, elle la suppose et c'est de là qu'elle doit partir; c'est donc l'étude des lieux qui doit déterminer l'emploi de telle ou telle ligne. On ne peut admettre le contraire, sans renverser l'ordre naturel des choses, et s'exposer aux plus graves erreurs. Or il n'y a qu'une manière d'enseigner cette nécessité aux troupes du génie: c'est de les mettre aux prises avec la pratique. En les employant à fortifier certains points du territoire helvétique, on aura donc réalisé un double avantage. On aura complété l'instruction de l'armée, et l'on aura satisfait sans trop de frais un grand besoin national.

Je passe très-rapidement sur ces détails techniques, parce que je reconnais mon incompétence. Je l'ai déjà dit, toute ma prétention se borne à signaler quelques points essentiels, en laissant à de plus habiles le soin de déterminer les meilleurs moyens pour atteindre les résultats indiqués. Pour ne pas commettre, de la meilleure foi du monde, de trop graves erreurs, je me tiens à dessein dans la sphère des généralités. D'autres pourvoiront aux applications.

XXII.

Tels sont, me semble-t-il, les moyens les plus simples et les plus efficaces dont nous puissions disposer pour remédier aux dangers de notre situation. Les considérerons-nous comme suffisants? Une bonne armée et quelques fortifications pourront-elles nous garantir contre toute menace d'invasion? En présence d'une nation aussi puissante que la France, il y aurait quelque présomption à le croire. Que nous reste-t-il donc à faire pour assurer notre indépendance? A une question ainsi posée, je répondrai avec une entière franchise.

A mon avis, la Suisse doit renoncer aujourd'hui à la position équivoque qui lui est faite par les traités; elle doit sacrifier sans regret une neutralité désormais illusoire, rentrer en possession de sa libre initiative, et se chercher au dehors des alliances. L'Europe aura-t-elle le droit de se plaindre, si la Suisse interrogée sur le motif d'une résolution si grave, lui tient le raisonnement que voici:

« — Je vous avais promis de conserver, dans toutes vos querelles, une stricte neutralité. En échange de cette promesse, vous vous êtes engagés, vous nations, vous souverains, à garantir cette même neutralité qui est devenue ainsi pour moi un droit en même temps qu'un devoir. Par cet acte, non-seulement vous promettiez de ne jamais porter atteinte à mon indépendance, mais de la défendre au besoin contre quiconque pourrait la menacer. Jusqu'ici j'ai tenu ma promesse: avez-vous tenu la vôtre ? Je connais votre opinion sur l'annexion de la Savoie à la France. Voici une circonstance, dans laquelle vous-mêmes avez reconnu que ma neutralité était compromise, mon indépendance menacée. Tenez donc votre parole, ou je reprends la mienne. »

Ce discours est trop sage, trop logique pour pouvoir être réfuté, et la diplomatie, malgré toute son habileté, aura bien de la peine à y répondre. La Suisse ne veut pas d'une neutralité qui lierait ses bras sans lier en même temps ceux des autres nations. Ce serait une honte et une injustice. Elle n'a pas promis de se laisser offenser impunément, mais au contraire de résister énergiquement à toute ambitieuse entreprise. Elle est petite, elle est faible : elle se sent menacée par un puissant voisin. Que lui reste-t-il à faire ? Rien qu'à se donner à lui, ou, si la servitude lui répugne, il faut qu'elle fasse ce que font tous les faibles menacés, il faut qu'elle cherche ailleurs du secours : l'association des petits est le seul moyen qui soit en leur pouvoir pour résister à l'ambition des grands.

Au milieu de tous les dangers, plus ou moins pressants, qui menacent la Suisse, une chose est faite pour la rassurer. C'est qu'elle n'est pas la seule à redouter les projets de la France. Les autres nations se tiennent sur la défensive ; elles n'avouent pas toujours leurs craintes, mais il n'est pas difficile de les deviner. Nulle ne désarme, plusieurs complètent leurs moyens de défense et fortifient leur frontière. La défiance est dans l'air, et ni promesses ni raisonnements ne peuvent réussir à la dissiper. Jamais peut-être la France n'a tenu plus de place en Europe ; jamais, elle n'y a été plus isolée. Pour un ami douteux, elle y compte cinq ennemis déclarés. Il y a une protestation latente contre chacun de ses actes. Les souverains la redoutent et les peuples la détestent. Je ne crois rien exagérer en disant que le monde civilisé est aujourd'hui antifrançais, bien que la littérature et les modes de Paris répandues et adoptées partout, lui donnent une apparence toute contraire. C'est une surface transparente à travers laquelle il n'est pas bien difficile d'apercevoir la réalité ; et cette réalité, c'est la défiance, la crainte, toutes les fois que ce n'est pas la haine.

Or cette position, c'est la France elle-même qui se l'est faite. L'annexion de la Savoie n'a pas été seulement une criante injustice, un éclatant démenti donné à une parole officielle : elle a été de plus une grave faute politique. On s'en apercevra un jour. Jusque là, l'ambition de Napoléon III était encore couverte de grands noms ; on voulait relever le drapeau de la France ; on voulait défendre au dehors cette liberté que l'on étouffait au dedans ; on faisait la guerre pour des idées, on repoussait avec dédain tout soupçon de conquête, d'agrandissement territorial. *S'il y a des hommes qui ne comprennent pas leur siècle,* disait le chef de cette politique, *je ne suis pas de ceux-là.* L'Europe était à demi convaincue ; les libéraux regardaient avec étonnement, presque avec admiration, ce prodige étrange d'un despote libéral ; et tout en détestant le présent, ils espéraient dans l'avenir. Douce illusion suivie bientôt d'un triste réveil ! L'annexion de la Savoie a rendu à l'ambition du neveu de Napoléon Ier son nom vulgaire, sa forme matérielle et palpable. Elle a prouvé aux plus confiants qu'il y avait en France, des hommes qui ne comprenaient pas leur siècle, ou peut-être, hélas! qui le comprenaient trop bien. L'Europe a eu peur, en voyant ce premier symptôme d'une politique conquérante. Elle s'est rappelé le passé; et tout en conservant une attitude tranquille, elle a prévu les orages qui menaçaient son avenir.

XXIII.

La Suisse, avons-nous dit, doit se chercher des alliés. Mais où les trouvera-t-elle? Sera-ce en Italie? Je voudrais pouvoir l'espérer. Cette généreuse nation dont le patriotisme a su triompher de tous les obstacles, défier tous les dangers, et qui n'a reculé devant aucun sacrifice pour conquérir son indépendance, est faite assurément pour nous comprendre. Sa cause est celle de toutes les âmes libérales, et il faudrait être bien esclave du préjugé, pour ne pas éprouver pour elle une chaleureuse sympathie. Longtemps l'Italie a eu contre elle l'opinion de l'Europe; aujourd'hui elle a forcé son admiration. Nous devons lui savoir gré d'avoir protesté par ses actes contre l'égoïsme du siècle, d'avoir montré que l'enthousiasme est encore de ce monde et que la vérité peut avoir ses héros comme autrefois l'erreur avait ses chevaliers. La noble figure de Garibaldi rappelle ces guerriers légendaires dont le nom est resté dans le souvenir des peuples, entouré d'une auréole lumineuse. Leurs exploits, réels ou fabuleux, n'ont rien qui puisse effacer les siens. Qui peut dire si quelque jour ce nom glorieux ne deviendra pas à son tour le centre d'une épopée nationale. Sa gloire n'est pas de celles que le temps emporte ; elle est de celles que l'éloignement grandit, bien loin de les affaiblir. Aussi noble, aussi pur que Washington, il a de plus que lui cette beauté poétique qui appartient aux races méridionales. Il faudrait une âme bien froide pour ne pas admirer sa foi, et un esprit bien sceptique pour ne pas la partager. Oui l'Italie sera libre ; elle le sera parce qu'elle est digne de l'être. Les victoires remportées par le héros de Varèse, par le vainqueur de Milazzo ne sont pas celles d'un peuple ou d'un parti ; ce sont les victoires de la vérité sur l'erreur, de la civilisation sur la barbarie : elles n'appartiennent pas à l'Italie, c'est l'humanité tout entière qui doit s'en réjouir.

Peut-être l'Italie sera-t-elle un jour notre sœur bien aimée ; car ses principes sont les nôtres, et tout ce qui la concerne ne saurait nous être indifférent. Cependant ce moment n'est pas encore venu. Des circonstances, nécessaires peut-être, mais dangereuses pour son avenir, ont lié depuis peu les destinées de ce grand peuple à celles d'un trop puissant voisin. L'Europe a commis une faute grave en laissant s'accomplir une semblable alliance ; elle avait un moyen de l'empêcher : c'était de la rendre inutile, c'était d'intervenir elle-même pour proclamer le droit des populations à se gouverner comme elles l'entendent. La révolution italienne se serait faite naturellement, sans secousses, et elle n'aurait pas donné au monde l'étrange spectacle de la liberté alliée avec le despotisme. Mais comment espérer une pareille sagesse des gouvernements européens ? Leur volonté se traîne péniblement à la suite des idées modernes, résistant toujours et ne cédant jamais qu'à la nécessité. La diplomatie met tous ses soins à effacer la morale naturelle, ou ce que l'on nomme le droit des gens, pour le remplacer par des lois conventionnelles qu'elle crée et transforme à son gré. Elle se croit par là bien habile, tandis qu'elle n'est qu'imprudente, car une lutte avec la vérité est rarement heureuse ; elle n'est jamais vaincue sans trouver dans sa défaite même des forces pour de nouveaux combats.

Lorsque je dis que les destinées de l'Italie sont liées à celles de la France, je ne prétends pas, et loin de là, que le nom de Napoléon III puisse être bien cher aux Italiens. Non-seulement, il y a opposition dans les principes ; mais cette opposition se traduit encore dans les faits. Assurément celui qui tient garnison à Rome, contre toute espèce de droit, ne peut inspirer beaucoup de confiance aux amis de l'unité italienne ; et le souverain qui commande dans la patrie de Garibaldi, ne peut attendre de ses anciens alliés une reconnaissance bien profonde. Le peuple s'indigne de cette espèce de tutelle dont il ne croit pas avoir besoin ; et quant aux habiles, ils commencent à s'apercevoir que la protection d'un voisin trop puissant est plus onéreuse qu'utile. Ils voudraient bien pouvoir se dégager, mais il n'est plus temps de le faire. Bon gré mal gré, il faut qu'ils subissent jusqu'au bout la position difficile dans laquelle ils se sont jetés, un peu aveuglément peut-être. Je m'imagine que le grand cœur de Victor-Emmanuel doit souffrir cruellement de cette contrainte, et qu'il gémit, au fond, de ces exigences diplomatiques qui l'empêchent de tendre à Garibaldi, à son frère d'armes, une main loyale et fraternelle. Ces deux hommes sont faits pour se comprendre. La France se met entre eux et leur défend de se réunir. Combien de temps cette situation fausse doit-elle durer? C'est ce qu'il est impossible de prévoir.

Nous ne nous occupons que du présent ; or il est évident qu'au moment où nous écrivons ces lignes, les nécessités de leur politique contraignent les Italiens à ménager la France. Je constate ce fait avec tristesse ; car la conséquence qui en résulte immédiatement, c'est que nous ne pouvons compter sur l'appui déclaré de la Péninsule. Est-ce à dire que nous prenions rang parmi ses adversaires ? Loin de nous, une telle pensée. Mais le cœur loyal des Italiens comprendra aisément que notre sympathie pour eux ne peut aller jusqu'à sacrifier notre propre indépendance. Parce que nous les aimons, sommes-nous tenus de chérir aussi leur allié ? Des hommes qui ont fait de si grands sacrifices pour conquérir leur existence nationale, comprendront facilement que nous tenions à la nôtre ; ils ne nous en voudront pas si nous cherchons ailleurs que chez eux un secours que les circonstances ont rendu nécessaire. Et si jamais l'avenir devait rapprocher de nous ce noble pays que je considère comme ma seconde patrie, ne serions-nous pas les premiers à tendre vers lui nos bras, à lui donner tout haut ce nom de frère que nous lui donnons déjà dans notre cœur ?

La Suisse a de grands devoirs à remplir envers l'Italie. Elle a à lui faire oublier des torts que le temps n'a pu faire complétement disparaître. Les capitulations militaires ont cessé, il est vrai, d'imprimer une tache de honte sur le front de notre patrie. Aujourd'hui la Suisse n'offre plus au monde civilisé le douloureux spectacle d'une nation libre allant écraser la liberté chez un autre peuple, et livrant à prix d'argent ses enfants, pour en faire les serviteurs du despotisme. Et cependant, aujourd'hui encore, des misérables ne craignent pas d'aller à l'étranger salir le nom d'une noble nation. Ils font beaucoup plus que commettre une injustice, ils compromettent la sécurité de la Suisse en la mêlant à des actes de brigandage dont la pensée seule révolte une conscience honnête ; ils appellent cela former des soldats à la patrie. Dieu nous garde de pareils soldats ! Les journaux racontent qu'un général de triste renommée a osé, après des actes que je m'abstiendrai de qualifier, fouler de nouveau le sol helvétique. Nos enfants ne s'écarteront-ils pas pour le laisser passer ? Nos femmes ne montreront-elles pas au doigt le héros de Pérouse, tout souillé encore du sang italien ? Mais l'habitude endurcit la conscience et l'on a chez nous une indulgence coupable pour ce genre de crimes. Je voudrais que l'on me dît quelle différence il est possible d'établir entre un homme qui va pour de l'argent égorger ses semblables, et le scélérat que le besoin a poussé à commettre un crime. Si celui-ci est puni de mort, l'exil et l'infamie seraient encore pour le premier des peines trop douces. L'assassin ne souille que lui-même ; le mercenaire déshonore le nom de son pays.

XXIV.

Si les circonstances s'opposent à ce que nous cherchions chez le peuple italien l'appui dont nous avons besoin, à quelle autre puissance nous adresserons-nous ? Sera-ce à l'Angleterre ? Ah ! sans doute, la grande nation libérale ne pourrait, sans mentir à ses principes, refuser la main que nous lui tendons. Toujours la petite république trouvera chez elle des amis et des défenseurs. Dans tous les dangers qui ont menacé notre existence politique, nous nous sommes tournés vers le peuple généreux de la Grande-Bretagne, et jamais en vain. Que de fois des voix éloquentes se sont élevées au sein du Parlement, pour recommander à l'attention du ministère les besoins de ce petit peuple placé au milieu des Alpes comme le gardien de la liberté ! La puissance, lorsqu'elle s'appuie sur une grandeur réelle, sur la force intérieure de la nation et non sur celle de l'armée, ne devient pas méprisante ; elle ne dédaigne pas les faibles et elle considère comme plus glorieux de les protéger que de les écraser.

Nous aimons l'Angleterre ; les Français nous le reprochent et ils ont raison. Oui, nous éprouvons du respect pour ces fiers insulaires qui donnent à l'Europe un si noble exemple de ce que peuvent, pour la prospérité d'un pays, des institutions libérales loyalement acceptées ; nous admirons le caractère britannique dans ses qualités de force sérieuse et de prudence sans faiblesse. Nous apprécions ce sens moral austère par lequel la race anglo-saxonne se distingue entre toutes les autres nations. La sympathie d'un tel peuple nous est chère et nous savons que nous pouvons y compter. -

Lorsqu'un danger extérieur viendra menacer notre indépendance, nous n'oublierons pas l'Angleterre ; nous remettrons à sa diplomatie le soin de défendre notre cause dans les conseils de l'Europe, et l'autorité de sa parole sera pour nous une haute et précieuse garantie. Malheureusement, l'Angleterre est trop loin pour nous soutenir autrement que par son influence. Dans le cas d'un danger pressant, ses troupes arriveraient trop tard pour le prévenir, trop tard pour épargner à notre territoire les maux de l'invasion. Mais surtout cette distance inspirerait à notre adversaire une sécurité funeste pour notre repos. Sachant le secours éloigné, rien ne pourrait l'empêcher de donner libre carrière à son ambition. Il connaît, par expérience, la puissance du fait accompli, et il n'ignore pas qu'il est avec la diplomatie des accommodements. En outre, l'Angleterre est essentiellement une nation maritime ; sa flotte, dans l'éventualité d'une guerre, ne nous serait pas d'un grand secours. Nous avons besoin de soldats et non de vaisseaux. Pour toutes ces raisons, nous serons toujours les amis de l'Angleterre ; elle sera toujours notre protectrice naturelle. Mais cette assurance ne saurait nous dispenser de chercher ailleurs un secours, sinon plus efficace, du moins plus immédiat.

XXV.

Reste maintenant l'Allemagne, l'Allemagne qui nourrit aussi depuis bien des années un sentiment national, d'autant plus profond qu'il est en apparence plus tranquille, l'Allemagne, qu'il faut bien se garder de confondre avec les formes surannées de sa constitution politique, l'Allemagne enfin, c'est-à-dire ce peuple intrépide contre lequel sont venus échouer la fortune et le génie de Napoléon Ier. Il y a en lui une force de résistance, une énergie cachée qui brisera bien des puissances encore. Le génie allemand n'est pas de ceux qui font des conquêtes; il ne se lance pas étourdiment dans de colossales entreprises, il pense longtemps avant d'agir, et son enthousiasme même a quelque chose de calme et de réfléchi. Mais une fois qu'il a résolu quelque chose, il s'y attache avec une ténacité invincible; s'il n'a pas l'élan qui commence, il a la persévérance qui achève. Il a le grand avantage de savoir ce qu'il veut et pourquoi il le veut. Aussi survivra-t-il à toutes les tempêtes qui pourront bouleverser la face de l'Europe. La grande armée a passé sur lui, et il s'est relevé plus vivant que jamais. Il y a toujours dans cette nation allemande quelque chose de l'antique Hermann. N'est-ce pas son esprit qui, dans la journée de Leipzig, courait à travers les rangs des soldats allemands et soufflait dans leur âme le feu de la vengeance? Deux fois les Germains ont arrêté la marche conquérante de l'Empire; il semble que la nature les ait prédestinés à servir de bouclier à l'Europe contre les tentatives d'une coupable ambition.

La dernière guerre d'Italie a été pour l'Allemagne une leçon salutaire. Elle lui a appris le danger d'une domination injuste et la force irrésistible du sentiment national. On peut espérer que, pour un peuple aussi sage, cette leçon ne sera pas perdue. L'Allemagne aussi rêve son unité, et elle la rêve d'une manière intelligente. Elle n'aspire point à la gloire, très-contestable, d'absorber toute sa vie politique, toute sa vie intellectuelle, dans une province ou dans une capitale. Elle ne veut pas renouveler chez elle le déplorable exemple d'une grande ville épuisant à son profit toutes les forces de la nation. Elle sait qu'une pareille accumulation de vie ne se fait qu'aux dépens de la vie elle-même; elle sait que le despotisme est presque toujours la conséquence d'une centralisation politique exagérée. Elle sait enfin que toute vraie harmonie résulte de la conciliation, non de la destruction des contraires, et elle est trop philosophe pour désirer une unité qui n'aurait pas son fondement dans la variété. En un mot, l'Allemagne veut ressembler à un faisceau et non à une colonne. La colonne est belle, élégante, agréable à voir, robuste en apparence ; mais il suffit d'un choc un peu violent pour la briser sans retour. Le faisceau est plus modeste, au premier regard, mais pour réussir à le détruire, il faut rompre l'un après l'autre chacun des éléments dont il se compose. Cette tâche réclame du temps, une suite d'efforts plus ou moins énergiques. Or le temps, en politique, est la chose essentielle. Un despote, dont l'ambition accepterait sans trop de crainte les dangers d'une rapide conquête, reculera devant la prévision d'une résistance longue, persistante et incessamment renouvelée.

L'Allemagne est en travail, elle pense à sa destinée. Cette pensée, fécondée par une raison profonde, saura fixer son but, et l'atteindre après l'avoir choisi. Encore quelque temps, et nous la verrons dépouiller ce manteau de vieillard qui, par une anomalie étrange, recouvre encore aujourd'hui ses robustes épaules; et l'Allemagne apparaîtra, telle qu'elle est en réalité, une nation jeune et puissante, toute prête à combattre de nouveau pour la cause de la liberté et pour celle de la civilisation. Elle n'oubliera pas sa science: elle en déduira la pratique; elle ne reniera pas ses savants: elle en fera des citoyens.

XXVI.

Alors la Suisse pourra se tourner vers cette noble sœur, lui offrir son amitié et lui demander la sienne. Qui pourrait s'opposer à cette alliance? Ne sommes-nous pas voisins? N'avons-nous pas aussi pour mission de retenir dans leur lit les deux puissantes races qui occupent l'orient et l'occident de l'Europe? Nos intérêts sont les mêmes. De plus la langue de nos futurs alliés est celle d'une grande partie du peuple suisse; leur science et leurs mœurs ont pénétré jusque dans les parties du territoire helvétique qui paraissaient devoir leur rester le plus longtemps étrangères; on en reconnaîtra facilement l'influence chez la nouvelle génération qui s'élève dans la Suisse française. Quelle répugnance pourrait s'opposer à un rapprochement entre ces deux pays que ne sépare aucune ambition rivale, et dont les caractères sont faits pour se comprendre? Bien loin d'être un obstacle à leur développement, cette union plus étroite serait pour chacun d'eux un gage de sécurité, une garantie d'indépendance. Une attaque sur le Rhin serait singulièrement gênée par un mouvement des troupes alliées sur la ligne du Jura. Et quand l'Allemagne ne trouverait dans ce projet d'alliance aucun autre avantage que celui de diminuer sa ligne de défense, cela devrait suffire pour le lui faire adopter. Que la Suisse tombe au pouvoir de la France, aussitôt la position de l'Allemagne devient fort critique, et l'indépendance des contrées voisines du Rhin, menacées de deux côtés à la fois, se trouve gravement compromise. Au contraire, si les Alpes sont défendues, j'entends défendues par une armée capable, à un moment donné, de prendre l'offensive, l'Allemagne n'a plus rien à craindre et sa tranquillité est à jamais assurée.

L'idée d'une alliance défensive entre la Suisse et l'Allemagne n'est pas entièrement nouvelle; elle se présente comme d'elle-même à l'esprit de tout homme qui réfléchit sur la situation politique de ces deux pays. Immédiatement après l'annexion de la Savoie à la France, on l'a vue se faire jour, mais plutôt, il me semble, par suite d'un instinct naturel, que comme le résultat d'une conviction raisonnée. Je ne réclame donc nullement l'honneur d'une découverte qui appartient à tout le monde. J'ai essayé seulement d'en démontrer la nécessité.

Quelle sera la nature de cette alliance? Je réponds

qu'elle doit être simplement et exclusivement défensive. Toute autre condition doit être écartée, comme ayant pour résultat de gêner le développement de notre liberté intérieure. La Suisse, en se liant par une promesse, ne doit renoncer à aucun de ses droits, n'accepter aucun devoir nouveau. Elle s'engagera seulement à mettre à la disposition de l'Allemagne, dans le cas où elle serait attaquée sur le Rhin, un certain contingent d'hommes, et à fermer à la France la route des Alpes. De son côté l'Allemagne s'engagerait à venir au secours de la Suisse toutes les fois que son indépendance serait menacée. Il y a loin d'une semblable convention à celle par laquelle la Suisse deviendrait membre intégrant de la Confédération germanique. Nous sommes jaloux, à très-juste titre, de notre existence nationale : satisfaits de notre condition présente, nous ne voulons point en changer. Nous désirons seulement nous assurer contre toutes les mauvaises chances d'avenir. Nous faisons en conséquence une association spéciale dans un but déterminé; une union plus complète ne serait ni dans nos véritables intérêts ni dans ceux du pays auquel nous désirons nous allier.

L'intégrité du territoire suisse est si avantageuse à l'Allemagne, qu'elle n'hésitera pas sans doute à accepter les propositions qui lui seront faites dans ce sens. Elle n'a pas pour la France une tendresse bien vive et peut-être ne sera-t-elle pas fâchée de lui prouver ainsi son déplaisir.

Assurée d'un tel appui, la Suisse pourra jeter sur l'avenir un regard moins sombre ; elle comptera davantage sur la paix, lorsqu'elle aura tout préparé pour la guerre

et ceux qui la méprisent aujourd'hui, seront contraints de
la respecter. L'Europe entière, prise comme témoin de
sa neutralité, était pour elle une médiocre garantie ; car
une promesse collective engage tout le monde sans lier
personne. Chacun se repose sur les autres, et ne songe
qu'à chercher des prétextes pour s'excuser. Une alliance
particulière est autrement efficace. D'abord elle se fonde
toujours sur des intérêts réels ; puis elle engage directement l'honneur des nations contractantes. Tel qui ne se
fait aucun scrupule de mentir à la parole qu'il a donnée
à tous, considérerait comme une tache de ne pas tenir
ce qu'il a promis à un individu déterminé. Dans toute
espèce de contrat, moins nombreux sont les contrac-
tants, plus il y a de chances pour que la foi soit gardée.
La Suisse, alliée de l'Allemagne, se trouvera infiniment
mieux protégée qu'elle ne l'était auparavant par la garantie de l'Europe. Aussi n'hésitons-nous pas à considérer
cette alliance comme le meilleur moyen qui soit en notre
pouvoir pour conjurer les dangers dont nous sommes
menacés.

XXVII.

Lorsqu'une position est mauvaise, il est bon de l'étu-
dier sous toutes ses faces, afin d'en connaître à fond tous
les désavantages. Le résultat de cette étude ne doit être,
en aucun cas, de nous jeter dans le découragement, mais
de déterminer en nous un vigoureux effort pour sortir,
à notre honneur, de cette crise fàcheuse. Les plaintes sont

un pauvre moyen de salut; elles n'attendrissent personne, elles n'ont jamais arrêté le bras levé pour frapper. Au contraire, en révélant à l'oppresseur les frayeurs de sa victime, elles ont hâté ce qu'elles voulaient prévenir. Un peuple qui a le sentiment de sa dignité, ne fatigue pas le monde de ses réclamations. Il proteste contre l'injustice qui lui est faite, et si cette protestation demeure sans résultat, il se charge lui-même du soin de sa défense. Les maux dont l'homme est la première cause sont rarement sans quelque remède : il suffit de le découvrir.

Je viens de jeter un coup d'œil rapide sur la situation que des circonstances récentes ont faite à notre patrie. Acceptant cette situation comme un fait désormais irrévocable, j'ai cherché s'il n'y avait pas un moyen d'en prévenir les conséquences, et j'ai cru trouver ce moyen soit dans une meilleure organisation intérieure, soit dans un rapprochement avantageux avec une puissance étrangère. J'ai pu, sans doute, me tromper dans cet examen, et il est très-possible que les moyens qui me paraissent bons soient pour d'autres insuffisants. Pourvu que l'on ne conteste pas l'importance et l'opportunité de cette recherche, pourvu que l'on ne se contente pas de renverser mes arguments, mais que l'on s'empresse de les remplacer par d'autres plus concluants, je me déclare satisfait d'avance, et prêt à adopter sans regret les nouvelles solutions qui seront proposées. Je cherche *la* vérité, et non *ma* vérité. Quelle que soit la main qui me la présente, je n'aurai pas la sotte présomption de la refuser.

Quant aux optimistes, et ils sont nombreux, quant à ceux qui refusent de croire au danger, parce qu'ils ne le voient pas se dresser devant eux, vivant et palpable, ils se railleront sans doute fort agréablement de mes craintes. Je n'ai rien à leur répondre sinon que je voudrais de tout mon cœur qu'ils eussent raison et que j'eusse tort. Cependant je ne pourrai m'empêcher de croire qu'ils voient mal et que leur confiance ressemble plus à l'étourderie qu'à la prudence. On ne discute pas avec des aveugles. Mais ces aveugles mêmes ne seront-ils pas forcés de convenir, en dépit de leur tranquillité, que le voisinage d'un monarque absolu, disposant sans contrôle d'une puissance immense, n'offre pas pour la sécurité de la Suisse une bien solide garantie ?

En admettant même, ce qui est au moins contestable, que ce monarque soit animé à notre égard des meilleures intentions, qu'il garde pieusement dans son cœur le souvenir des événements de 1838, et qu'il ait pour la Suisse une tendresse toute filiale, en admettant tout cela, dis-je, et la concession est rude, ces bonnes dispositions suffiraient-elles pour dissiper toutes nos inquiétudes ? Peut-être, si nous n'avions jamais lu l'histoire. Mais cette grande institutrice de l'humanité nous apprend, avec une évidence supérieure à celle de la raison même, que personne n'est absolument libre. Celui qui s'affranchit de l'opinion, retombe sous d'autres nécessités. L'effort qu'il fait pour s'en rendre maître, est lui-même une servitude. Il faut qu'il éblouisse ses sujets, qu'il les fascine par la variété et le nombre de ses actions, qu'il ne leur laisse jamais un moment de repos. Qui sait en effet si ce moment ne leur suffirait pas pour se recueillir, et s'ils ne se reprendraient pas d'un bel amour pour la liberté ? En renonçant à se laisser diriger par la raison du peuple, le despotisme se fait l'esclave de ses passions. En reniant le joug de la vérité, il accepte celui de l'erreur ; et une fois engagé dans une voie fatale, il faut qu'il marche ; il ne lui est plus permis de revenir en arrière. Les faits ont aussi leur logique, une logique puissante, inexorable parce qu'elle est aveugle, et qu'elle accomplit sans le savoir un plan dont Dieu seul a le secret. Tout homme qui agit, tombe sous la loi de cette logique naturelle que les esprits religieux nomment Providence et les sceptiques, fatalité. Chaque action a ses conséquences : déterminée d'abord par la volonté, c'est elle à son tour qui la détermine ; et la volonté entraînée malgré elle, court vers un résultat qu'elle n'avait pas prévu. L'homme est ainsi le serviteur de ses propres actes : il les crée d'abord, puis il leur obéit. Il est difficile à l'ambitieux de s'arrêter à temps : il s'est ouvert une carrière dans laquelle il doit courir. Il hésite devant la première conquête ; cette conquête accomplie, les autres lui semblent toutes naturelles. Et elles le sont en effet, parce qu'un principe une fois admis en dépit de la conscience et du droit des gens, n'a plus d'obstacle qui le retienne et développe fatalement toutes ses conséquences. Je dis fatalement ; et, en effet, l'issue de semblables excès est rarement heureuse. Ce n'est pas seulement dans les livres de Berquin que le vice est puni et la vertu récompensée. Cette maxime vulgaire est la grande loi de l'histoire. L'entrée des alliés à Paris et l'humiliation de la France n'ont pas été un accident, mais le dénouement logique d'un long drame. Waterloo a été moins le châtiment que la conséquence d'Austerlitz. Plût au ciel que de tels exemples pussent, à défaut de modération, enseigner au moins la prudence aux ambitieux à venir !

J'ai déjà dit pourquoi je ne croyais pas aux prétendues bonnes dispositions que l'on attribue à l'Empereur des Français, à l'égard de la Suisse. Il est inutile de répéter ici les raisons qui me donnent une opinion toute contraire. Je désire me tromper, mais il n'est que trop probable que je ne me trompe pas. D'ailleurs ce débat n'a pas une grande importance. Car lors même que l'ancien citoyen de Thurgovie aurait conservé quelque bienveillance pour sa patrie adoptive, sa politique le pousserait encore en avant. Il ne tarderait pas à se persuader que le meilleur moyen de témoigner sa reconnaissance à la Suisse, c'est de lui donner promptement une petite place dans l'Empire. Et, comme on n'ignore pas l'esprit un peu rebelle de nos populations, peut-être se dispenserait-on d'employer chez nous ce grand levier politique, si efficace partout ailleurs, le suffrage universel à la française. Comme nous ne nous sentons pas dignes d'un tel bonheur, il est bon de prendre à l'avance quelques mesures, pour qu'on ne nous en fasse pas jouir sans nous consulter.

Cette raison qui me paraît concluante, justifie suffisamment l'opportunité de ce petit travail. Ce n'est pas une dissertation, c'est un appel à l'attention publique. Il contient des propositions qui peuvent être combattues, mais en les combattant, il faudra bien reconnaître qu'il y avait quelque motif de se livrer à une semblable recherche. La Suisse est menacée : elle l'est par la force des choses, elle l'est par la nature et par l'intention probable du gouvernement français. Reconnaître ce fait n'est pas s'en effrayer, et se montrer prudent n'est pas être pusillanime. Si donc nous voulons conserver notre indépendance et notre existence nationale, je crois, sans vouloir rien prédire, que le moment est venu d'y songer.

26 Septembre 1860.